Students
at the Center
Personalized Learning with Habits of Mind

Bena Kallick Allison Zmuda

学びの中心はやっぱり生徒だ！

「個別化された学び」と「思考の習慣」

ベナ・カリック＋アリソン・ズムダ

中井悠加・田中理紗・飯村寧史・吉田新一郎 訳

新評論

発刊に寄せて

学びは、すべて「個別化」されたものです。「学んだ」ことは、まずは感覚的に受け止められ、それから噛み砕かれ、心や身体に染みこみ、感情のなかに蓄えられ、行動として表れます。本書のなかで著者ベナ・キャリックとアリソン・ズムダは、「個別化された学び[1]」について、四つのパワフルな特徴で定義しています。すなわち、**「声」**、**「共創」**、**「他者との共同構築」**、**「自己発見」**です。この四つの言葉で、「個別化された学び」の授業実践が分かりやすく、推進しやすくなります。

こうした「個別化された学び」の捉え方は、単に教師の仕事だけに留まるものではありません。

(1)　原語は「personalized learning」です。現在の日本では、個別化された学びと個別化された指導の両側面から個々の生徒に応じたより良い学びとして「個別最適な学び」を捉えています。その「個別最適な学び」をより良く理解するためにも本書が役立つでしょう。本書で詳しく取り上げられる「個別化された学び」は、単に授業方法や学ぶ人数のことではなく、その重要性が強調されている「四つの特徴」や一六の「思考の習慣」からも分かるように、本当の意味での「自立した学び」に近いものと理解できます。

実は、私たち人類の生まれもった属性であり、かつ生涯にわたって行う「探究」を物語るものなのです［参考文献13］。

新生児が生まれてすぐにする行動を思い起こしてみましょう。赤ちゃんは、周囲にアナウンスするために**声**を上げ、世界に対して「私はここだよ！　やっと生まれたんだよ！　聞いてよ。食べ物をちょうだい。私を見て。あやしてよ。おむつを替えてよ。愛してちょうだい！」と訴えています。

子どもがもつ生来の好奇心が学びの欲求を満たしてくれる人を求めているように、成長するに従って子どもを駆り立てていきます。

「教えて。見せて。読んで聞かせて。歌って。聞きたいことが山ほどあるの。自分でもやってみたいの！」

子どもは、親や世話をしてくれる人、教師や仲間・クラスメイトと一緒に、自分自身のイメージ、世界のありよう、そして学ぶことの意味を**共創**していきます。人間は社会的な生き物ですから、子どもはすぐに人間同士の**他者との共同構築**に気づきます。友好を結ぶことや協力して学ぶこと、考えをやり取りすることで力が発揮できるよう、他者と関係を結ぶのです。そして、生涯にわたる**自己発見**の旅がはじまります。

実体験やフィードバック、繰り返しの練習、チャレンジ、失敗や成功――人はそれらを通して、自分自身の関心や情熱、可能性、嫌悪するもの、価値観、生き方、好みを発見していきます。八五歳になった今でも、私（この文章の筆者）は自分の新たな面の発見を続けています。十代特有の厄介な性質やいら立ち、不満のなかで行ってきた発見よりも、さらに深く、本質的な気づきがあると言えます！

人の一生は知性の成長の連続でもあります。ピッツバーグ大学のローレン・B・レズニック教授（Lauren B. Resnick・心理学）は、「人の知性というものは、その人の**思考の習慣**の積み重ねそのものだ」［参考文献25］と言いました。教育の目標のなかに、個人的な情熱を追究し、生来の好奇心を保ち続け、複雑な問題を協働して解決することが含まれているならば、教師の役割は子どものモデルであることだけに留まりません。

教師は、生徒を自己選択、自己決定するように導き、時に振り返りながら相互にやり取りして、柔軟に、前向きな思考によって問題を解決するように促す人でなくてはならないのです。私たちの知性を動機づけ、推進し、活性化し、方向づけるもの、それが**思考の習慣**です。

本書が、「個別化された学び」の枠組みを説き明かし、**思考の習慣**（一一八〜一一九ページを参照）に焦点を当て、それを評価するための授業計画を教えてくれます。筆者らの語りには個別化された学びと**思考の習慣**、この二つについての教育的な知見、そして理論と実践が織りこまれており、好奇心と人間の素晴らしい特性に対する的確な考察をもとに、総体的な学校のモデルが提示されています。

　私たち誰もが、ほかの人の多様性を否定することはできません。学ぶ人は、誰もが唯一の存在であり、その脳もまた無二のものです。だからこそ、標準化・平均化を目指すような方法から、個別化する方向に移行することに意味があるのです。

　本書における教育へのアプローチは、生徒が自分の興味や情熱を追究することを可能にし、生徒と教師の創造性を尊重し、コンプライアンス(2)という名の押しつけから脱却させてくれるものです。まさに、我々を勇気づけるものであり、発見であり、自由であり、生徒と教師の従来の役割を見直すものであり、私たちの教育観を変化させるものとなるでしょう。

　また、教育学は必要なものだが、現時点で完璧なものではないということ、つまり、現在の教育学には将来解決すべき課題があるということがはっきりと分かります。アンドレアス・シュライヒャー（Andreas Schleicher・ＯＥＣＤの教育・スキル局長）は、「世界経済は、もはや知識そのものではなく、その知識を使って何ができるかということに投資する」［参考文献2］と述べています。

　要するに、私たち教師が伝統的に教えてきた教科内容や原理・法則といったものを「単なる決まり事」とする考え方を改めなくてはいけないのです。むしろ、教科の知識内容は、**思考の習慣**

のなかにある本質的な部分を経験し、活用し、見つめ直すためのものであると捉え直すべきです。粘り強く取り組むこと、常に学び続けること、互いに協力しあう関係で考えること、柔軟に考えること、そして問いをもって問題提起することなどがその本質的な部分に該当します。

このように教科の授業を捉え直したとき、新しくかつ強力な考え方が可能になります。たとえば、生徒自身による学びの評価は、他者による評価が長らく重視されてきたことと同じように、もっと重要視されるべきです。卒業後も「優・良・可」などの評価を誰かに求めているようなら、それは、自己決定を学ばせるのに失敗したということを意味します。また、学びの計画、道筋としてのフィードバックのサイクルを回すことの大切さにも気づくでしょう。

本書を読み進めれば、生徒が自ら分析し、振り返り、修正する力をつけながら、教師とともに自分の学習の評価ができるように変容していくモデルや実践例に出合えます。

ある意味で私たち教師は、誰もが未来志向であり、現状と先行きの見えない未来に対して十分な準備ができるように(3)生徒を支援する存在です。これまでの教科領域を横断し、それを越えていくためのスキルや心構えについての見通しを共有していきましょう。教科内容を習得させつつも、

---

(2)　一般的には「法令順守」と訳されますが、ここでは、過度に制度や相手（多くの場合、目上の人）に合わせたり、不平を言わずにおとなしく従ったりする（従順や服従する）ことや「忖度すること」も含まれます。

複雑で、はっきりしない、すぐには解決策が見いだせないような問題やジレンマ、そして葛藤に対して一人ひとりが前向きに取り組めるようなカリキュラムになっているのだろうかと振り返りましょう。

そのビジョンは、この先を読めば分かります。そのビジョンは、生徒だけでなく、大人にとっても必要なのだということ、これが一番のポイントとなります。

カリフォルニア州、グラニット・ベイにて　アーサー・L・コスタ(4)

(3) 原語は「disposition」です。「気質、傾向、性質、心性」などと訳されます。学習において、それぞれの生徒が無意識のうちにとる態度や考え方、癖などのことを指します。

(4) (Arthur L. Costa) コスタ（現在九一歳）はカリフォルニア大学サクラメント校の名誉教授で、ベナ・キャリックとともに「思考の習慣インスティテュート」の創設共同ディレクターをしています。彼が、思考の習慣に興味をもちはじめたのは一九八〇年代前半です。思考の習慣以外では、コーチングや評価でも有名な教育者です。

もくじ

学びの中心はやっぱり生徒だ！——「個別化された学び」と「思考の習慣」

はじめに

「個別化された学び」――もはや知らない人がいないぐらい流行語となっている言葉です。教育者であれば、ほとんどの人が「個別化された学び」が意味するところについて説明できるでしょう。しかし、おそらく、それらの説明はまったく違ったものになるでしょう。

本書では、この「個別化された学び」が教室の中でどのようになっているのか、どのように生徒の成長を促すのかについて明確に示していきます。「個別化された」と過去形で言っていますが、「個別化」してしまえばそれでおしまいというものではありません。「個別化」は現在進行形で継続しており、教育のアプローチを生徒中心に移行することそのものです。本書では、生徒の学習体験を個別化することの意味と、そのために教師がどうすればよいのかを説明するだけではなく、なぜそれが重要なのかという理由についても掘り下げていきます。

このような私たちの考え方は、学校での実践研究に基づいています。要するに、以下に挙げた教育界において変化を続ける対象や用語について、意味づけをし、応対するためにもがいている数多くの教師と一緒に仕事をしているということです。

政策決定者——どんなことに価値を置いているのだろうか？
保護者——子どもの教育について、何を一番知りたがり、何を期待しているのか？
評価——どの方法が、生徒の成長や学びをしっかり物語るものになるのか？
スタンダード（左ページの**訳者コラム**を参照）——どれが一番優れているのか？
コンピテンシー（左ページの**訳者コラム**を参照）——どれを優先すべきか？

このような問いかけに対する答えが時代とともに変化したり、教師が迷ってしまうことがないように道しるべを示めせれば、と願っています。後述する価値観やビジョンは、生徒にとって現在だけでなく将来においても役立つでしょう。

第1章では、教育が真に目指すところを明確にします。まず、教師のもっとも大切な仕事は、世界をより良く生きるために、生徒の知性と強みを育てること、と定義します。そして、それを成し遂げるための最良の結論を提示したいと思います。**思考の習慣**という方向性のもと、変化のある、生徒主体の「個別化された学び」を示していきます。

第2章では、より生徒主体になるようなカリキュラムのつくり方をチェックします。とくに、すべての学びの土台となる「教師と生徒との協力関係」に着目します。

第3章では、教師と生徒の役割をいかにして転換するかについて考えます。教師と生徒は、目

訳者コラム

スタンダードとコンピテンシーとは？

「スタンダード」は、日本でいうと「学習指導要領」に相当します。アメリカでは、国から提示されるものではなく、各州や教科団体、そして2010年には州知事と州教育長の連合が「各州共通基礎スタンダード（Common Core State Standards）」を出しています。

後者については、「公益財団法人未来教育研究所、各州共通基礎スタンダード」で検索すると日本語で詳しい情報が得られます。それが扱っている教科は、国語と算数・数学に限定されていますが、今では、ほとんどの州がそれを採用しています。

スタンダードは、教師が生徒に最低限教えないといけないことを表した文書で、「到達目標」、「指導事項」、「基準」などと訳されます。アメリカでは州が決定する権利をもっています。なお、日本では「○○小学校スタンダード」や「スタンダード・カリキュラム」のように、授業のスタイルや持ち物・服装を指定することが多いようですが、本来の意味とは異なります。

また、「コンピテンシー（competency）」とは、好業績を達成している人材（ハイパフォーマー）に共通して見られる行動特性のことです。豊富な知識や高い技能（スキル）、思考力のある人が必ずしも業績を上げられない事実に着目し、好業績を達成している人材に見られる行動、態度、思考パターン、判断基準などを特性として列挙したものを指します。

コンピテンシーは「能力」や「有能」を意味します。アメリカで1990年代に人材の採用、昇格、配置などの基準として普及し、日本でも1990年代後半から人事評価基準に取り入れる企業や団体が増えています。詳しくは、https://www.motivation-cloud.com/hr2048/c87（QRコード）を参照してください。

標を設定し、探究のプロセスをどのように進めるのかについて一緒に考え、つくり出す間柄となります。

第４章では、示唆に富むグラント・ウィギンズ（Grant Wiggins）とジェイ・マクタイ（Jay McTighe）の研究［参考文献35、36］を見ていきます。「学習の結果として、生徒に何を知ってもらいたいのか、どのようにできるようになってもらいたいのか？」という問いを探究します。

第５章では、教え方に着目します。より深い学びを担保しつつ、生徒が自らの関心に沿って進められるような、自立的で、学習の責任をしっかり保持した授業のつくり方の実例を数多く示します。続く第６章では、継続的な成長をもたらす素晴らしいツールとして、フィードバックについて説明します。

第７章、そして終章では、環境の変化を探究します。教室や学校、その全体的なシステムを、個別化された生徒主体の学習環境に転換していくために、学びと思考の文化をどのようにつくっていくのかについて探ります。

何かを変えるというのは簡単なことではありません。古い習慣や伝統を手放し、現代社会、そして目の前にいる生徒のために、新しい考え方を取り入れることが求められています。それは、私たちが教育を受けていた時代とまったく異なる世界で生徒が準備するための支援となります。

ハイディ・ヘイズ・ジェイコブズ（Heidi Hayes Jacobs）[1]が次のように言っています。
「学校は発射台です。子どもを未来へ打ち出す発射台です。残念ながら、現在教えていることは、四〇、五〇、六〇年前に教わったことそのものです。不易が望まれる部分と今扱わなければいけない部分、その両方のカリキュラムが必要なのです。そして、抜け落ちているのは、変わりゆく現在に沿った中身（後者）のほうだと思います」［参考文献24］

思考の習慣に基づく「個別化された学び」は、そうした時代に合った学びの入り口です。と同時に、現代の課題や問いに応じた探究に生徒と教師を誘うものです。イノベーション[2]や想像力をかき立てれば、生徒自身が情熱や願望のために チャレンジできるように勇気づけてくれるでしょう。それが、真の成功への道筋であるはずです。

（1）協力者から「素敵な言葉です。でも、一歩まちがえると大人にコントロールされてしまう……そんなイメージをもちました」というコメントが届きました。教師、大人が子どもに対して責任があることを強く感じさせてくれるコメントです。

（2）この言葉の定義は「新しくて、より良い何かを創造すること」（『教育のプロがすすめるイノベーション』一二ページより）です。良し悪しは関係なく、同じことをやり続けることではありません。絶えず、より良いものをつくり出すことが求められています。

第1章 生徒自身が道を切り開けるようにする

工業中心から個人中心の時代へという流れは世界中で起きている現象であり、医療、ジャーナリズム、音楽、テレビ番組、出版物、政治、そして自己表現の方法に革命をもたらしています。しかし、学校のなかではほとんど画一化された生活が続いています。いまだに私たちは、すべての人にたった一つのカリキュラムを与え、同一年齢・学年の生徒を集めて一斉に教え、たった一つのテストで学んだことを測るといったような文化に留まっています(1)。

(1)　協力者から、「一人一台の端末を与えられても、紙の代替としての利用で留まっているケースが多いのが現状です。ＩＣＴ能力の差もありますが、根本には、自分自身がされてきた『支配』を止めることができないという、心理的な問題が大きいように感じています」というコメントが届きました。連鎖のような教育現象をどこで断ち切るか、転換するかが大切だと感じます。

しかし、本当は、この世界がより難解で複雑で、不確実なものになればなるほど、教育においても生徒のニーズに合わせて学びをカスタマイズする（利用者／対象者の好みや要求に応じて調整・変更する）方法に変えていく必要があります。

私たちは、生徒が問題を解決したり、クリエイティブ（創造的）に考えられるようにしていかなければなりません。生徒が人生の目標を達成するためには、経済的に満たされていることも重要ですが、同時に人間としての心も満たしてくれる仕事を見つけなければならないのです。

私たちは教師として、生徒がなりたい人物像やこの世界で成し遂げたいことに出合えるように学びの体験をデザインする必要があります。そして、すべての生徒が社会資本を構築し、上位に立つ人々とやり取りをするための発言力が身につく機会を提供しなければなりません。生徒は、専門家同士のネットワークのつくり方やその使い方、イノベーティブ（七ページの注を参照）なアイディアの開発やその広め方を学ばなければならないのです。そこでは、「個別化された学び」が求められます。

「個別化された学び」とは、生徒一人ひとりのニーズやスキルに応じた指導を通して、身につけるべき事柄の学習が促進できる指導・学習方法の総称です。生徒が自分の情熱や興味を探究し、それを発展させる機会を与えるために、現在一般的に理解されている「個別化された学び」よりも、その範囲を拡大する必要があると私たちは考えています。

その目的の一つは、生徒自らが強い志を引き出し、やがて市民として社会や経済活動へと参加できるようにすることです。教育についての専門家であるトニー・ワグナー（Tony Wagner）とテッド・デンタースミス（Ted Dintersmith）が述べるように、「教育の目的は、生徒がその情熱や目的意識を高め、キャリアや市民としての生活に必要とされる重要なスキルを授け、彼らが生きる世界をより良くするために最善を尽くすような人に育てること」［参考文献33］なのです。

しかし、この目的は達成されないままとなってしまう場合が多いようです。もっとも恵まれた地域にある学校に通う生徒でさえ、強い志、つまり情熱や強い興味を抑えてしまう場合があります。なぜなら、彼らがもっとも切望しているのは、「成功」[4]と呼ばれる現実的なものであるからです。同じく、経済的に恵まれない生徒は、そうした願いを彼らがかなえるのは不可能だろうと教師側が見なしてしまったがゆえに、自ら願望を抑えこんでしまう場合があります。

大学への進学やより良い就職への準備を最優先にした「勉強」ばかりでは、将来のさまざまな

（2）「ソーシャル・キャピタル」や「人間関係資本」とも言われ、物的資本や人的資本に並ぶ概念です。ある社会や地域のコミュニティーにおける人々の相互関係やつながりを支える仕組みのことで、信頼関係が構築され、規範が共有されたネットワークが大事にされる社会では、人々がお互いに協力することでより良い社会が築ける、とされています。

（3）働き出したときの職場の上司、あるいは政治家など、権力をもった人が相手になることもあるでしょう。

分岐点において、乗り越えなければならないハードルが増えてしまうでしょう。現代社会で必要とされる知性と社会性を生徒が身につけるためには、個別の経験を通して継続的に学び、目標を達成するために必要な心構え（viページの注を参照）を養うことが大切である、と私たちは考えています。

本章では、まず「個別化された学び」とは何か、また「個別化された学び」がどのようなものであるかを説明していきます。次に、この学校教育モデルを実現するために求められる心構え、すなわち**思考の習慣**に目を向けます。そして最後に、この二つを融合する形で、生徒自らが考えて問題を解決したり、自分なりのアイディアを生み出せるような学習空間を創造するための枠組みをどのように提供していくのかについて紹介していきます。

個別化された学びの四つの特徴

「個別化された学び」は、生徒が自分の願いを追いかけ、問題を探り、解決策をデザインし、好奇心を追い求め、結果が生み出せるようになる生徒主体の革新的な教育モデルです［参考文献37］。個別化には、定義となる四つの特徴があります。それぞれの特徴を見直してみれば、これまで行ってきた授業実践を検証したり、新しい授業実践がつくり出せるでしょう。

その四つの特徴とは、「**声**（voice）」、「**共創**（co-creation）」、「**他者との共同構築**（social construction）」、そして「**自己発見**（self-discovery）」です[5]。

（4）「success」をそのまま訳しました。たとえば、「勝ち組」や「負け組」といった表現が使われますが、その「勝ち組」として捉えられるような、学校のテストでよい点を取り、偏差値の高い学校に進学し、給料の高い大きな会社に就職するといった、偏った価値観における「成功」や「サクセス・ストーリー」を指していると考えられます。これは、それぞれの生徒が自らの目標を達成するといった意味での「成功」とは別の意味になります。そのため、ここでは括弧書きで表現しました。

（5）「四つの特徴がどのようにして抽出されたのか知りたい」という協力者のコメントを著者に尋ねたところ、次のような回答を得ました。「私たちはたくさんの授業を観察し、生徒たちが学びの中心になっていた授業ではこれらの特徴が常に見られました。また、集めたデータを分析し、四つの特徴と思考の習慣を統合したときに、私たちが掲げた『個別化された学びとは何であり、それはどのように見えるのか？』という問いへの答えがもっとも明確になることも発見しました」

声

一つ目の特徴は、学習プロセスがはじまった段階で、「何を」、「どのように」学ぶのかを決める際に生徒自身がかかわること、つまり生徒の**声**（意見、意志、思い）です。

生徒は、大人が計画したカリキュラムという乗り物の単なる乗客ではなく、自分でカリキュラムの意図・目的を設定し、自らが車のハンドルを握るという大切な参加者なのです。「個別化された学び」によって、生徒が自分のアイディア（考え）の力だけでなく、ほかの人のアイディアに触れることで自らのアイディアがどのように変化したり、より良いものになっていくプロセスが確認できるようになります[6]。

共創

二つ目の特徴は**共創**です。「個別化された学び」では、生徒は教師と協力して何かに挑戦したり、問題をつくり出したり、アイディアを生み出したりします。それはつまり、何を測るのか（学習目標）を明確にし、できあがるものや成果を思い描き（評価）、望んだ結果を達成するための行動計画を立てて取り組むこと（学習行動）を意味します。

「個別化された学び」に必要な**共創**を繰り返すことを通して、生徒はイノベーティブ（七ページの注を参照）かつ創造する力を身につけるとともに鍛えられていきます。

他者との共同構築

「個別化された学び」の三つ目の特徴は**他者との共同構築**です。これは、生徒が共通の学習目標を追究するために理論を立てたり、調べたりしながら、他者との関係を通じてアイディアを構築していくことを意味します。

著者の一人（キャリック）は、「ロシアの心理学者ヴィゴツキーは、人は対話や議論、お互いのアイディアの積み重ねを通じて学習するという、知の共同構築の考え方に触れている。（中略）このようなプロセスを体験させることは、学び手が新しい情報を自分のなかに取り入れ、再形成したり、変換したりするのに役に立つ」［参考文献17］と述べました。

誰かと協力して何らかの変化をもたらしたり、成果を生み出したり、試作品をつくってみたりすることから生じる仲間意識、つまり「自分は一人ではないんだ」という感覚が生徒に本当の力を与えます。

個々がもつ知識、アイディア、さまざまな行動のパーツが集まって、より大きな、より良い全、

(6)「声」については、『私にも言いたいことがあります！』で詳しく扱われていますので参照してください。

体像へと統合される様子を目の当たりにするという経験は、生徒にとってはとても斬新なものとなり、まるで魔法のように感じられるでしょう。

自己発見

「個別化された学び」の四つ目の特徴は、学び手としての自分について生徒が理解するプロセスとなる**自己発見**です。生徒は、アイディアやスキル、知識、パフォーマンスが発展するのを振り返ることで、次に何が起こるのか、次に何をするのか、次に何を探究するのか、次に何を創造するのかを思い描きます。私たちが目指すのは、生徒がさまざまな状況において誰かの指示を待つのではなく、自らをコントロールする主体的かつ自立的な学び手になることです(7)。

生徒が自分自身について学ぶことは、その時々で賢い判断を行い、不安定で激動する世界を乗り切るための力を身につける際の助けとなります。

「個人学習」や「一人ひとりをいかす学習」と「個別化された学び」はどのように違うのか？

「個別化された学び」の四つの特徴について考えるとき、もしかすると、読者のなかには「個別化（personalized ないし personalization）」に類するほかの教育モデル、つまり「個人学習

（individualization）」や「一人ひとりをいかす学習（differentiation）」と結びつける人がいるかもしれません。これらのモデルは、ある面では「個別化された学び」に似ていますが、とりわけ課題の性質と生徒自身が学習をコントロールするというレベルにおいて決定的な違いがあります。**表1－1**は、生徒と教師の役割が、モデルごとにどのように変化するのかを示したものです。

個人学習（individualization）

「個別化された学び」と同じく、個人学習はいつでもどこでも指導を受けて学習することが可能となります。ブレンデッド・ラーニング[8]の方法は、個人学習の応用としてよく知られています。しかし、個人学習のなかで生徒は、常に学習課題を与えられ、コンピューターに適合したモデルやソフトウェアのプラットフォーム、教師が作成した判例集・文集などを使用して課題をこなしていくことになります。

（7）『成績だけが評価じゃない』（とくに第3章）と『イン・ザ・ミドル』（とくに第8章）で、自己管理の力を育てるための評価や支援のあり方について詳しく説明をしています。

（8）教室とオンラインを組み合わせた学習方法です。教室で学んだ授業と並行してオンラインで配信・配布される課題や、パソコンなどを使って行う課題を組み合わせる形で学習効果を高めます。配信された動画を好きな時間に見られる「オンデマンド授業」と「対面の授業」との組み合わせをイメージしてください。

（注１）相手の状況を把握したうえで、必要性の高い一つか二つをピンポイントで指導する方法です。ある意味では、教えることのもっとも本質的な方法と言えます。

（注２）「個別化された学び」の「教師の役割」は、質問やカンファランスやフィードバックとなっていますが、それをもっともいい形で実施しているのがライティング・ワークショップとリーディング・ワークショップやプロジェクト学習（23ページのQRコードを参照）です。カンファランスについては、本書の234～236ページにおいても具体的な例が紹介されています。そして、QRコードで見られるように、それは究極の「一人ひとりをいかす教え方」となります。

なお、表の「一人ひとりをいかす学習」に挙げられている三つの方法以外に、『ようこそ、一人ひとりをいかす教室へ』でたくさん紹介されていますので、ぜひ参照してください。また、その著者が、個別化された学びと一人ひとりをいかす教え方を対比しようと思って書きはじめて生まれた本が『だから、みんなが羽ばたいて（仮題）』です。こちらもおすすめです。

（注３）（Kahn Academy）ユーチューブで無料のオンライン授業動画を配信したり、サイトで練習問題や教師用ツールなどを提供する非営利団体のことです。無料で利用でき、日本語にも対応しています。

（注４）（Dreambox）小中学校の算数・数学を対象としたオンライン学習ソフトウェアを提供する会社です。

（注５）（Compass Learning）現在はEdgenuity社に吸収され、幼稚園から12年生までの数学・英語に関するオンライン授業コンテンツを提供しています。これら三つの会社は、「個別化された学び（Personalized learning)」を提供しているとウェブサイトに記載されていますが、本書における定義としては、「個別化された学び」ではなく「個人学習」に分類されるということに気をつけなければなりません。

（注６）生徒が特定の学習目標や行動目標を達成するための方法を記載した、教師と生徒との間に交わされる契約のことです。たとえば、学習目標、そのための学習方法、評価方法などが含まれます。

（注７）生徒がどの活動を行うのか、どの方法を採用するのかを決めるためにいくつかの選択肢が示されたボードのことです。

表1－1　三つの教育モデルにおける生徒と教師の役割の違い

モデル	生徒の役割	教師の役割	例
個別化された学び	探究、分析、最終的な成果において**共創**を促し、**声**をもったり、**他者との共同構築**をしたり、**自己発見**をしたりする機会を含むような、複雑な本物の問題を積極的に達成しようとする。	質問やカンファランス（注1）、フィードバックを通じて学びを手助けする（注2）。	・誰もが追体験できる、読める判例集・文集を生徒が作成する。 ・生徒主導でカンファランスを行う。 ・生徒は確かな能力と成果に基づいて熟達レベルを達成する。
個人学習	課題となるトピックに取り組むペースや、上達したことを示すタイミングを自分で管理する。	教師が作成した課題と関連する既存の授業案によって指導を進める。	・教師が、生徒が読める判例集・事例集を作成する。 ・カーン・アカデミー（注3） ・ドリームボックス（注4）、コンパス・ラーニング（注5）
一人ひとりをいかす学習	学習内容、学習方法、学習成果物を自分で選択する。	個々の生徒のニーズや好みに応じた指導を行う。	・同じテーマのさまざまな本や文章を使ったブッククラブ。 ・生徒との契約（注6） ・選択ボード（注7）

（出典）［参考文献37］より許可を得て掲載しています。

一般的に生徒は、その教材を習得するまでの間、自らの学習ペースを自分で管理することになります。生徒は、コンピューターや教師が作成した評価に向けて、動画を再生したり、練習問題を解いたり、問いに答えたり、自分が行ったことに対するフィードバックをその場で受け取ることができます。

個人学習は、テクノロジーによって学びを効率化し、生徒のニーズを反映した課題やペース配分が調整できる点では「個別化された」学習方法と言えます。ただ、生徒自身が学びを振り返り、自分はどのように学ぶのがもっともよいのだろうかについて深く理解するところに重点が置かれているせいか、学習が人とのかかわりのなかで育まれるという部分については見落とされがちとなっています。

たしかに、ブレンデッド・ラーニングという方法を使うと、生徒はテクノロジーを使っていくつかの作業に一人で取り組めます。また、体験型の学習環境で学んだことを応用して行うようなプロジェクトを共同して作成することもできます。さらに、グループでも学べます。ブレンデッド・ラーニングにおいては、生徒がどの程度教室外で学ぶか、どの程度教室内で学ぶかということは重要な要素となりません。むしろ、取り組んでいる作業にどれだけ生徒自身が発言権をもっているのかが重要となります。

このような個人学習に対して、「個別化された学び」のモデルでは、課題のデザインと作成に対して生徒にかかわってもらいます。これまで、テクノロジーは学校に「破滅」をもたらすとよく言われてきました。しかし、私たちの考えでは、テクノロジーによって破壊されるのは、規則の遵守をいまだに重んじている学校だけなのです。これは、むしろ歓迎されてもよいことだと思います。

エンゲイジメント(9)は、生徒がどれだけ早く教材を使いこなすかによって測れるものではありません。生徒がどれだけその教材に積極的にかかわり、興味をもち、価値があると感じているかによってのみ測れます。

「個別化された学び」には、この種のエンゲイジメントが組みこまれています。たとえば、生徒自身がアイディアや問い、問題を確かめたり、作成したり、鍵となる活動や資料、スケジュールを自分で決めて、繰り返し下書きを作成し、フィードバックを受けてそれを反映し、課題が完了するまで次のステップを追究するといったものです。

このときの教師の役割は、生徒と一緒になってスキルを磨いて知識を習得し、その知識にふさわしい状況を提供し、その知識とスキルが、本物の、複雑な、実在する問題に取り組む形で定着するように生徒を支援することとなります。(10)

（9）生徒が夢中になって取り組んでいる状態のことを指します。

一人ひとりをいかす学習（differentiation）

一人ひとりをいかす学習は、教室にいるすべての生徒が、さまざまな知識、スキル、レディネス[11]のレベルや、もっている興味関心、学び方のスタイルや学ぶスピードに違いがあるという現実を受け入れることが出発点となります。

この学習モデルでは、教師は生徒の現在の立ち位置から出発し、課題を与えたり、生徒が自分で課題を選べるようにすることでさまざまな学習体験が可能となります。後者の形で一人ひとりをいかすこと、つまり生徒が選択する権利を行使する場合は、生徒が探究する資料やテーマを選んだり（学ぶ**内容**に一人ひとりをいかす）、アイディアを調べたり、つくり出したりする方法を選んだり（学ぶ**方法**に一人ひとりをいかす）、学習の達成度を示す形式を選んだりする（学びの**成果物**に一人ひとりをいかす）ことが含まれます。これらは、「個別化された学び」や「個人学習」としばしば混同される場合があります。

このように、一人ひとりをいかす学習では、教師が作成した実行可能な選択肢の範囲内で生徒自らが選択できるように促しています。つまり、教師が学習経験をデザインし、管理することに変わりはありません。これに対して「個別化された学び」のモデルでは、生徒が何をするのか、またどのように学習したことを示すのか（評価の仕方）について大きく門戸が開かれています。

生徒は、学び方、評価、発表の仕方のすべてに関して教師と相談しながら一緒に決めます。そうすることで、アイディアの開発から探究、分析、改善、そして聴衆を前にした発表に至るまで、より多くのオウナーシップ[12]がもてます。

プロジェクト学習[13]についてご存じの読者は、先に挙げた**表1－1**に四番目のモデルとしてプロ

---

(10)　協力者から、「ここに書かれているように、すでにICTに関しては生徒のほうが上です。頭を切り替えて、生徒とともにスキルを磨き、考える隣人になるという転換の必要性が分かりやすく述べられています。このような話をすると、『教えこまなければ子どもは何もできない』とか『受験はどうするんだ』という声が必ず上がります。その答えもこの本にはすでに用意されていて、『生徒がこの現代社会で必要とされる知性と社会性を身につける』という視点に切り替えなければ、学校は常に『一部の理解できる人だけを対象にする』と受け止められてしまいます。何だか、この本はすごい予感がしてきました」というコメントが届きました。学びに対する考え方の転換を実現する大きな手がかりが、この本にはあると思われます。なお、実在する本物の問題を扱う学習については、『PBL　学びの可能性をひらく授業づくり』が参考になります。

(11)　これから取り組む学習に対して、どれくらい準備ができているかということです。

(12)　「当事者意識」とも言います。ここでは、この学習を「自分のものだ」と思える状態のことを指します。言われて学ぶのではなく、自分から自分のために学ぶという姿勢です。

(13)　現実社会に本当に存在する複雑な疑問や問題に対して一定の時間をかけて取り組み、探究する過程で必要とされる知識やスキル、そして態度を自主的かつ主体的に習得し、課題を発見解決する学習方法を指します。下のQRコードも参照してください。

ジェクト学習を加えて、「ほかとの違いを明らかにしてほしかった」と思った人がいるかもしれません。しかし私たちは、プロジェクト学習は「個別化された学び」の傘下に入るものと見なしているため、表のなかに含みませんでした。それは、教師がデザインしたプロジェクトの一部として、生徒自らの思考を発展させる段階から、生徒自身の独立した探究に基づいてプロジェクトを発展させる段階へと移行する過程の一部となっているからです。

プロジェクト学習には、常にやりがいのある問題や問い、持続的な探究、現実世界と結びついているリアルなものであること、生徒が**声**をもつこと、生徒が選ぶこと、振り返り、批評と修正、そして公開される成果物が含まれます［参考文献18］。こうした経験は、**声**、**共創**、**他者との共同構築**、**自己発見**――つまり、「個別化された学び」の四つの特徴から見直してみると、生徒がどの程度考えており、創造し、共有し、発見する機会を得ているのかを明らかにする形で入念な検証ができます。

本書で探究する生徒中心の「個別化された学び」は活気に満ちており、ダイナミックで、間口の広い学習方法です。そして、教科の壁や学校内外の世界を分ける壁、個人の成果をコミュニティーの成長と切り離す壁を打ち破るものです。

生徒は、教師を含めた大人やクラスメイト、専門家から学び、そうした人々から影響を受けながら、人とのかかわりのなかで知識を構築していきます。学びをどのように選ぶのか、決めるのか、積極的に取り組むのかは、自分自身についてこれまで学んできたことに左右されます。正直に言うと、これは大変な仕事です。では、教師は、どのようにしてこのような難題をクリアしていけばよいのでしょうか。

思考の習慣――夢中で取り組み、学ぶための心構え

生徒がより高いレベルの思考(14)や成果にたどり着くことを望むのであれば、今日広く普及している狭義のテストで測られているものよりもはるかに豊かなスキルと心構えの習得に取り組み、発展させ、そしてそれを習得したことを示す機会を生徒に提供する必要があります。

ほとんどの標準テストは、教科にまつわる知識を測り、その結果を報告することに重点を置いています。それはそれで重要なことですが、これからの社会に向けて生徒が身につける必要があるのは、結果がすぐには分からないようなプロジェクトに着手するといった習慣です。つまり生徒は、目的を達成するのに必須となる能力を高め、難しい問題に取り組み、解決する力を高める

(14)「高いレベルの思考」は、教育者のベンジャミン・ブルームによる教育目標の分類についての研究において「高次の思考」と示された、応用、分析、統合、評価、創造などを扱う思考です。その逆に、「低次の思考」としては記憶や理解が含まれます。

思考の習慣を身につけなければならないということです。

習慣とは、あまり意識せずに行われる状態を指します。たとえば、車の運転を思い出してみてください。ハンドル操作、加速、ブレーキ、追い越し、合流などは、運転方法を覚えてしまえばある程度自然な動作となります。しかし、凍結した道路や穴ぼこなどの障害物がある道を運転する場合はマインドフルネス[15]が必要となります。

このように、環境が変化したときには、よく考えてから判断することが大事となります。それと同じように、多くの場合、生徒は「自動的」にテストに出そうな箇所を暗記します。しかし、答えがすぐに見つからないような、不確実な状況に遭遇したときには、思考プロセスのなかでもっとよく考える必要が出てきます。

柔軟に考えたり、**疑問をもって問題提起をする**といった**思考の習慣**を意識すれば、複雑で難しい状況に対しても自信をもって対応できるようになります。習慣というのは、自動化された行動からマインドフルネスへと移行する、とても重要な場所に位置づけられるものなのです。

表1－2に示した「**16の思考の習慣**」［参考文献6］は、従来の能力中心の理論を捨てて、成長マインドセット（一六六ページを参照）に置き換えた、現代的な知性観から導き出されたものです。これらの習慣は、多くの場合、「ソフトスキル[16]」とか「非認知能力」と呼ばれますが、どこか簡単そうなことをイメージさせる用語でもあります。

しかし、実際には、これらのスキルは認知的に意識することが求められるため、もっとも伸ばしづらいスキルなのです。最終的には、「今の時点で、自分にできるもっとも注意を向けなければならないことは何か?」という問いに対する心の方位磁針となります。

教室や学校が**声**、**共創**、**他者との共同構築**、**自己発見**という四つの特徴に焦点を当てることで、**思考の習慣**は生徒や教師が自ら積み重ね、自分自身や他者を大切にするようになり、最終的には学校内外で直面する難しい状況を乗り切るための行動習慣となります。

教師や生徒が**思考の習慣**を使いこなすようになれば、ある状況に対してどの習慣が必要なのかと思い起こす必要がなくなります。(17) どの習慣についてもそうですが、練習を重ねれば、意識して思い起こさなくても使えるようになる可能性が高くなるものです。たとえば、あるプロジェクト

---

(15)　マインドフルネスは、「冷静に、そして客観的に、自分の考えや感情、感覚を見つめ……時間をかけて反応をする力で、『今、この瞬間』の状態に注意を向けることです」。詳しくは、『感情と社会性を育む学び(SEL)』の二三八ページ以降を参照してください。ほかに、『生徒指導をハックする』と『成績だけが評価じゃない』も参考になります。

(16)　コミュニケーション能力や誠実さ、オープンな姿勢、発想力、チームワークなどの、テストでは測りにくく評価基準があいまいなスキルのことを指します。その対になるのが、テストで測れる知識や、資格や免許などの評価基準が明確なハードスキルです。ソフトスキルは、ライフスキル、ソーシャルスキル、SEL(感情と社会性のスキル)、EQ(感情指数)やSQ(社会的知能指数)などとも言われます。

<table>
<tr>
<td>明確に考え、正確に伝える——「はっきりさせよう！」

過度に一般化したり歪めたり省略したりせずに、文字と音声の両方で正確にコミュニケーションをとること。</td>
<td>五感で情報を収集する——「自分に本来備わっている感覚を利用しよう！」

味覚、嗅覚、触覚、運動感覚、聴覚、視覚など、すべての感覚を駆使してデータを収集すること。</td>
</tr>
<tr>
<td>創造する、想像する、イノベーションを起こす——「別の方法を試してみよう！」
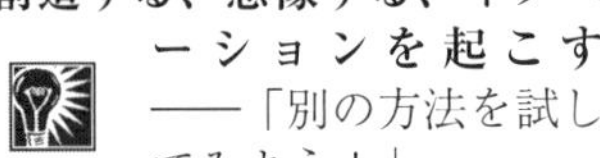
新しくて画期的なアイディアを生み出し、鮮やかさやオリジナリティーを追求すること。</td>
<td>驚きと不思議に思う気持ちをもって反応する——「楽しんで解き明かそう！」

この世界が素晴らしく驚きに満ちたものであると感じ、さまざまな現象やその美しさに興味をもつこと。</td>
</tr>
<tr>
<td>責任あるリスクを取る(注)——「冒険してみよう！」

冒険好きであること。自分の能力の限界に挑戦すること。</td>
<td>ユーモアをいかす——「ちょっと笑おう！」

気まぐれなもの、場違いなもの、予想外のことを見つける。自分自身を笑い飛ばすことができること。</td>
</tr>
<tr>
<td>互いに協力しあう関係で考える——「みんなで力を合わせよう！」

互恵的な状況のなかで他者と協力し、互いに学びあえること。</td>
<td>常に学び続ける——「経験から学ぼう！」

知らないことを認め、謙虚さと誇りをもち、自己満足に陥らないこと。</td>
</tr>
</table>

(注)「リスクを取る」は、うまくいかない可能性を踏まえて、その責任は自分にあるという覚悟を決め、それでも自分の目標に向けて思い切ってチャレンジすることを指す言葉です。日本の学校では、「リスク」と言う場合「リスク管理」、すなわち危機管理を連想しますが、本来はチャレンジすることを指します（279ページの注も参照）。

表1－2　16の思考の習慣

粘り強く取り組む――「根気強く頑張ろう！」課題を完了するまで根気よく続ける。集中力を持続させること。	**衝動的な言動をコントロールする**――「急がずに時間をかけよう！」行動する前に考える。冷静に、深く慎重に考えること。
理解と共感をもって聴く――「他者を理解しよう！」他者の考えやアイディアに心のエネルギーを注ぐこと。他者の視点や感情を理解するために、自分の考えをしばらく保留すること。	**柔軟に考える**――「別の角度からも見てみよう！」視点を変えて、代わりとなる案を考え、いくつかの選択肢が検討できること。
自分の考えについて考える（メタ認知）――「自分が何を考えているのかを知ろう！」自分自身の考え、方法、感情、行動、そしてそれらがほかの人に与える影響に気づくこと。	**正確さと精度にこだわる**――「もう一度確認しよう！」正確さ、誠実さ、専門家並みのレベルを追求すること。
問いをもち問題提起をする――「どうやってそれが分かるの？」問う姿勢をもつこと。必要なデータが何かを知ること。そして、そのデータを得るための方法や質問を考えること。	**既習の知識を新しい状況に適用する**――「学んだことを活用しよう！」これまでにもっている知識を取り出すこと。それを学んだときの状況を越えて使いこなすこと。

（出典）［参考文献6］より許可を得て掲載しています。
（補記）https://bit.ly/3XZmfbh でもこの表が見られます。

に取り組む機会を与えられた生徒は、**創造かつ想像し、イノベーションを起こす**ことで「思考の筋肉」を発達させました。また、仲間と一緒に作業に取り組むことで、より上手に、お互いの考えを受け入れるという**柔軟性**を身につけました。

問いをもち、問題提起をすることで、自分たちが研究しているものが何かをより鮮明にすることができます。インターネットで「○○の仕方」と書いてある情報を検索する際には、**正確さと精度にこだわった**言葉の選択が求められるでしょう。その際にもっとも大切なのは、生徒と教師が不確実なことに直面していたとしても**粘り強く取り組み続ける**こと、となります。

思慮に富んだ人生を送ろうと**思考の習慣**を取り入れた人は、自らの目標を達成するために役立つスキルをより意識して、目標達成に向けて集中します。それと同じく、**思考の習慣**を教育ビジョンとして掲げた学校は、生徒、教師、管理職、保護者、地域住民など、学校にかかわるすべての人が丁寧に考えて行動できる学習コミュニティーとなります。

思考の習慣を使った「個別化された学び」

思考の習慣を使った「個別化された学び」は、より包括的な学習方法を促進してくれます。もし、私たちが生徒に強い志を追求し、問題を調べ、解決策を考え、好奇心を追い求め、最終的な成果を生み出すことを望むのであれば、意味のある問題や課題に取り組む機会を提供し、**柔軟に考えたり、**相手の話を**理解と共感をもって聴いたり、問いをもったり、問題提起をしたり**といった**思考の習慣**をコーチング[18]する必要があります。つまり「個別化された学び」は、**思考の習慣**に示されたはっきりとした思考行動を生徒に求めるための体系的な枠組みなのです。

　このように、学習のアプローチを変えるためには、教師も生徒もこれまでとは違う考え方をもち、新しい学習プロセスに取り組む必要があります。以下では、**思考の習慣**を用いた「個別化された学び」を特徴づける四つの重要な思考転換について見ていきます。

学びは教師にリードされ、生徒によって管理されるもの

　教師がカリキュラムを作成することによって、生徒一人ひとりが経験する目標と評価について合意された授業が確実に行えます。このカリキュラム作成の指針は、カリキュラムがいかに生徒

---

(17)　協力者から、「『教師や』とあるところがいいです。生徒にどんな思考の習慣を育むかと同時に、教師自らも思考の習慣を身につけるべき対象であることを忘れてはいけないと感じました」というコメントが届きました。

(18)　従来の一方的な教師による指導とは異なり、学びの主体が明確に生徒にあると捉えられたなかで行われるやり取りです。スポーツのコーチングが参考になります。下のＱＲコードおよび、そのブログの左上に「コーチング」や「カンファランス」を入力すれば情報が得られます。また、姉妹ブログの「ＷＷ／ＲＷ便り」でもコーチング関連の情報がたくさん得られます。

の学びに影響を及ぼすかを評価するために、学校ごとにデザイン、実施、検証、改良ができます。「個別化された学び」とは、生徒自身の課題やプロジェクト、評価を教師と一緒につくりあげる形で、この指針におけるオウナーシップ（二三ページの注を参照）をもつことを意味します。

なかには、学んだことについて発言することを嫌がったり、それを楽しめなかったりする生徒もいるでしょう。生徒の学習意欲を超えて、無関心が支配するようではいけません。

たしかに、多くの生徒が、教師から与えられた問題や課題、あるいは書きあげるべき文章を仕上げることに意欲を失っているというのは事実です。私たちのやるべきことは、**粘り強く取り組み続ける**方法や**既習の知識を新しい状況に適用する**方法、**自らの考えについて考える**方法やスキルを生徒に教えることです。そうすれば生徒は自分自身で管理できるようになり、望ましい成果を達成するための努力を続けるようになります。

教科の知識を身につけることと教科横断的なスキル

アメリカ理科教員協会（ＮＳＴＡ）やアメリカ美術教育協会（ＮＡＥＡ）などといった特定の教科に関係する組織は、その教科領域を支える重要な概念や知識、技能を明確にし、それらを定期的に見直し、期待されるものが実現可能で最新のものであるかどうか、またより広い視点をもっているかどうかを確認しています。たとえば、二一世紀スキルパートナーシップや優良事例

（ベスト・プラクティス）のための全米州知事会など、教科横断的なスキルの育成に学習の焦点を当てるべきだと主張している組織もあります（各団体については次ページの**訳者コラム**参照）。

教科別の目標も重要ですが、「個別化された学び」の成果（およびその具体的な方法・訳者補記）について学べば学ぶほど、生徒が現代社会で活躍するためには極めて不十分であると気づきます。たとえば、エンジニアの仕事について読んだり、エンジニアの役割[19]に関する簡単な質問に答えたりする代わりに、芸術関係の授業と組み合わせてエンジニアリングのプロセスを使用すれば、クリティカルな思考[20]と問題解決の方法を活用して**創造かつ想像し、イノベーションを起こす**ことができます。

また、現実世界で起きている紛争について調べて、その結果を報告する代わりに、英語（日本では国語）の授業で学んだインタビュー・スキルを使って、紛争の影響を受けている人々を探してインタビューを行い、そうした人々が直面している苦しい立場に共感し、個人に焦点を当てた見解とメディアが描く世界とを比較するといったこともできるでしょう[21]。

---

(19) エンジニアリングとは、新しい科学技術の開発や、すでにある技術を改善することで社会に役立てることを目的とした「ものづくり」のことです。

(20) クリティカル・シンキングはよく「批判的思考」と訳されますが、本来は「大切なものと大切でないものは何かを見極めるために考える力」のことを指します。

訳者コラム

スタンダードの策定に関与するさまざまな団体

「アメリカ理科教員協会（NSTA）」や「アメリカ美術教育協会（NAEA）」の日本版としては、日本理科教育学会（SJST）や日本美術教育学会（AESJ）などがあります。しかし、日本の場合、カリキュラム開発や知識・スキル、あるいは21世紀スキルや教科横断的なスキルなどを身につけるための議論はせず、各教科で扱う内容（知識や技能）については文部科学省（学習指導要領および教科書）任せのところがあります。誰が主導権を握っており、誰はそれを受けた行動しかとれないのかという二極分化の状態にあることは大きな問題です。

「21世紀スキルパートナーシップ」とは、21世紀にふさわしい教育を受けられることを目指して、2002年にアメリカで設立された組織です。読み書き算数はもちろんのこと、クリティカルな思考、コミュニケーションとコラボレーション（協働）、クリエイティビティー（創造性）、（以上が「4C」と言われています）とイノベーション（革新）を教育に浸透させるために、さまざまな方法を提案しています。最近は、これらにキャラクターとシチズンシップを加えて「6C」としている教育団体もあります。

「全米知事会」は、党派を超えて州の自治を促進したり、先進的で優良な事例を共有したりしながら州政治をより良くするための組織です。この団体と州教育長協議会が中心になって各州共通基礎スタンダードを提案しました。日本においても、すべてを文科省任せにせず、さまざまなところが複数のスタンダード（到達目標／基準）を提示したほうが現場の教師は現況から脱して何がいいかを考えますし、選べるようになるでしょう。

学習には、教科の知識と思考の習慣が必要

専門的な知識を教えることと、心構えとなる思考の習慣を教えることは、対立するものではなく、お互いに補完しあうものです。学校が**思考の習慣**を意図的に実践の要素として取り入れれば、それを教えることと教科内容を教えることは同じくらい重要であると理解できるでしょう。要するに、カリキュラムや指導、評価の過程において、クリティカルで創造的な考え方や問題解決の方法を意図的に取り上げていくということです。

生徒が創造的に考えているときは、①**責任あるリスクを取る**ことと、②**創造かつ想像し、イノベーションを起こす**といった二つの**思考の習慣**を実践していると考えてください。これらの習慣は、教えることのできる振る舞いとして分解が可能です。そのときの教師の役割は、生徒の思考を最大限に引き出すために**思考の習慣**を継続的にモデルで示し、使い続けることとなります。

生徒の役割は、自立したパフォーマンスを十分経験するために、必要な**思考の習慣**を使うことでさらに磨きをかけることです。そうすれば、学習やパフォーマンスの面での認知的なレベルを

---

(21)　協力者から、「この事例と比較して、日本で主流であり続けるのは『調べ写し学習』です。何の思考もスキルも育たないものですので、『学習と呼んでいいのか？』と常々思っています」というコメントが届きました。一人一台に端末が提供されても、調べ／探究学習がこの例のように有意義でなければ意味がないと思います。

フィードバックを受け入れて振り返りができる人
自分が成長するために、自分の力を高め、さらに発展させるためのフィードバックを大切にします。過去の経験をクリティカルに振り返り、今後の進歩につなげます。自分自身が使う方法や感情、行動をよく自覚し、それらがほかの人に与える影響についてもよく考えています。

リーダー
誰も見ていないところでも、正しい行いをします。周りの人をエンパワー(注3)し、サポートします。常に、自分を高める方法を模索します。前向きな姿勢とユーモアのセンスをもち続けます。

オープンマインド
新しいアイディアを考え、人の話に耳を傾け、最初の思いこみが必ずしも正しいとは限らないことを理解しています。他者への尊敬の気持ちをもち、客観的でさまざまな角度から物事が見れます。

自立した学び手
自分の目標と時間を自分で管理し、自立して作業に取り組み、自分のスキルを向上させるために率先して行動することができます。生涯にわたって学び続けることを目指しています。自分の取り組みに誇りをもっています。

学習において責任あるリスクを取れる人
意欲と決断力をもち、新しいことや困難なことを進んで受け入れます。臨機応変に対応し、ミスや失敗を学びや成長に必要なチャンスだと考えています。

すべての子どもたちに、毎日、より良い明日を！

(出典) シャーロット・メクレンバーグ教育委員会の許可を得て掲載しています。
(注1)「開発プロセス」、「設計プロセス」とも言われ、これまでに得た知識と技術、過去の経験をもとに提案されたデザインや計画のことです。
(注2) 個人またはチームで、新しい何かをつくり出すためにリスクを負ってさまざまなことにチャレンジする行動力や意欲のことです。
(注3)「人間のもつ本来の能力を最大限に引き出す」という意味です。
(補記) この図のように、16個の「思考の習慣」は常に使う必要はなく、対象や時期に応じて選択、変更ができます。

図1－3　個別化された学び――生徒のプロファイル

「個別化された学び」に取り組む生徒が目指すのは……

シャーロット・メクレンバーグ教育委員会の個別化された学びは、変わり続ける世界において目標を達成し、生産的な21世紀の市民になることを目指します。そのために学んだことを示すための経路を複数提供し、生徒を丸ごと育て、生徒自身が学習のオウナーシップをもつことを目的としています。

創造的でクリティカルに考える人
行動する前にまず考えます。問題を日々新しい方法で考え、創造的な解決策を見いだそうとします。想像力を駆使して自分自身を表現し、新しいアイディアを開発することができます。自分の思考を導くためにデザイン・プロセス[注1]を使います。

効果的にコミュニケーションを取る人
自分の考えや疑問、解決策、アイディアを、口頭、文章、デジタルなどといった方法ではっきりと伝えることができます。

協働する人
自分の才能や専門知識、知恵を総動員して、目標を達成するために他者と効果的に協働します。ほかの人の意見に積極的に耳を傾け、自らのアイディアを提供することでチームの一員としての役割を果たします。

起業家精神[注2]をもつ人
人と違った考え方をもち、イノベーティブに物事を行うために何かがあってもくじけずに立ち直ります。困難な課題にも粘り強く取り組みます。ニーズや課題が何かを特定し、その解決策を積極的に見いだそうとします。

柔軟に対応できる人
変化に適応することができます。さまざまな環境のなかでより良い形で働くことができます。ほかの人のよいところを尊重し、そこから学ぶこともできます。

高く保てますし、メタ認知のレベルでも、効果的に思考するための習慣をいつどこで使うのかといった判断をするための意識と意図がもてるようになります。

スタンダードは創造する自由を提供してくれる

教師として私たちは、スタンダード（五ページを参照）に沿ってつくられる学校教育目標に理解を示し、活用しなければなりません。しかし、それと同時に、私たちが勤務するコミュニティーの価値観や願いも尊重するべきです。より広い目標と、その達成度を測るための関連するコンピテンシー（五ページを参照）を設定することが、生徒がより探究心を高めたり、新しいアイディアを創造したり、さらにそれを追究しようとする姿勢につながります。

また、教師と生徒が力を合わせて、「個別化された学び」をデザインすることが全体の学習目標にどのように合致しているのかを確認し、それに必要な情報や資料と行動の仕方について話し合うこともできます。たとえば、ノースカロライナ州のシャーロット・メクレンバーグ教育委員会では、教師が集まって**思考の習慣**を応用し、「個別化された学び」についてのプロファイルを独自に作成しています（前ページの**図1－3**参照）。

この教育委員会の教師は、朝の会やプロジェクト学習などといったさまざまな方法でこの**思考の習慣**を活用しています。その一方で、教育委員会全体として、幼稚園から一二年生までを通し

た学習の心構えに関する共通理解をもっています。(22)

まとめ

私たちは、生徒が自分の**声**を発揮できるように育み、**共創**する力を磨き、助けあって**他者と共同構築**をすることや**自己発見**に関して探究する方法を学びながら、より多くの選択肢が提供できる学校へと変わっていかなければなりません。

よく教師から、「学びを個別化されたものにするということは、すべての生徒が違うことをするのですか？」と尋ねられます。そうではなく、私たちが提案したいのは、個々の生徒の関心に基づいたそれぞれの経験を、彼らにとってさらなる学習機会にしていくことです。こうした経験は、生徒が何か新しくてより良いものを創造したり、発案したりするプロセスのなかで、苦労し

(22)　アメリカの高校は九～一二年生までの四年間と決まっていますが、中学校は、二年間、三年間あるいは小中一貫と教育委員会によってさまざまです。また、幼稚園の年長は小学校に併設されています。日本の学年表記が難しいので、本書では学年通しの数字を使います。協力者から、「日本の教育委員会とはまったく違う動きをするのだなあ―と嘆息しています。日本の教育委員会はブラックボックスで、一方的に通知や通達を下す機関です。価値観の調整などはもってのほかで、疑問をもつことすら許されません」というコメントが届きました。

ながらも学習や**思考の習慣**に関する力を伸ばすための方法を増やしていくことにつながります。

お分かりのように、教師がこのような機会を提供すれば、クラスにおいてさまざまなプロジェクトが同時に進行する可能性が高くなります。生徒が選ぶ学習は、彼らの好奇心と興味に基づくものになるでしょう。

思考の習慣を用いた「個別化された学び」は、教師がカリキュラムの意図や予定をはっきりと事前に定めた、従来の生徒と教師のやり取りとは一線を画しています。たとえそのカリキュラムの意図や計画が要件を満たすための創造的な選択肢を生徒に提供している場合でも、異なるものであると理解してください。

生徒が自分自身で道を切り開くようになると、教師と生徒のかかわり方は変わってきます。学校生活や学習経験は、これまでとは違ってもっとよいものになります。以降の章では、それがどのような経験となるのかについて探究していきます。

第2章　七つの要素が生徒主体の学びを可能にする

生徒主体の「個別化された学び」では、教師と生徒がどのようにやり取りをするのかという人間関係に注意を向ける必要があります。本章では、教師が効果的な個別化されたカリキュラムをつくり出すと同時に、学習においてより中心的な役割を担う生徒のパートナーとなるために、教師としての役割を見直す方法について深めていくことにします。

生徒に、**声**、**共創**、**他者との共同構築**、**自己発見**の機会を提供する学習コミュニティーをつくろうとしている教師は、次に挙げる七つの要素に取り組む必要があります。

❶目標
❷探究／アイディア創出(1)
❸課題と発表の対象

❹評価
❺蓄積された学習の成果
❻学習指導計画
❼フィードバック

これらの要素は『個別化された学び』〔参考文献37〕のなかで重要なものとして詳しく説明されており、私たちはそれを受けて分析を続け、教育現場からもさまざまな示唆を受けて理解を深めてきました。この七つの要素において教師と生徒の役割を転換することによって「個別化された学び」が環境として根づき、発展していきます。

本章では、これらの要素を一つ一つ取り上げて、学習にどのような変化が必要なのかを説明していきます。そして、教師と生徒の新しい役割に必要とされる**思考の習慣**を取り上げて、教室における実践をうまく変えていくためのツールやおすすめの方法を提供します。また、これらの要素を説明したあとには、授業をデザインする教師のための振り返りの質問と、それが生徒と教師の役割に与える影響について説明をします。そして最後に、「個別化された学び」を発展させるプロセスの一部となる**思考の習慣**を提案します。

まず、七つの要素の概要を説明し、「個別化された学び」の環境においてはそれらがどのように見えるのかを紹介していきましょう。そして、それぞれがどのように**声、共創、他者との共同構築、自己発見の機会**を提供するのかについて考えていきます。

要素1　「目標」——求める成果は何ですか？

単に何を生徒に教えたかではなく、生徒が何を知り、何をできるようになり、何を理解するかを念頭に置いて授業計画を立てることの利点は多くの人に知られています。(2)「個別化された学び」における学習環境では、学びのテーマや時間、生徒の希望を考慮したうえで、それに合うような各教科固有の目標と教科横断の目標（たとえば、クリティカルな思考、協働、創造性など）と**思考の習慣**についての目標（**衝動的な言動をコントロールする、理解と共感をもって聴く**など）を確認するために生徒と教師が協力します。

---

(1)　課題に関する情報を、誰が読んだり聞いたりするのかということです。「本物の学び」においては、この対象が欠かせません。一方「偽物の学び」では、対象が教師のみであるため、生徒の取り組みのレベルはかなり低くなります。なお、これは、七番目のフィードバックによって得られる学びの質や量とも大きく関係してきます。

(2)　この立て方が詳しく書いてあるのは、『理解をもたらすカリキュラム設計』と『ようこそ、一人ひとりをいかす教室へ』です。最初の「知ること」は知識レベル、最後の「理解」は概念レベルです。

表２−１　教師と生徒がつくりあげる教科の目標

教科の目標(教師)	教科の目標(生徒)	関係するスタンダード(注)
問題が何かを定義し、探究するためのアイディアを発展させるために問いを立てる。	偏りのない実験(慎重に管理された実験）やモデルを設計する前後において問いを立てることができる。	**第１分野** **（２）身の周りの物質イ** 身の周りの物質について、問題を見いだし見通しをもって観察，実験などを行い、物質の性質や状態変化における規則性を見いだして表現すること。
科学的な理解を深めるために、与えられたシステムや概念を観察し、探究する。	○○○（特定のシステムや概念を記入）についての理解を深めるために観察することができる。	**第１分野** **（２）身の周りの物質ア** 身の周りの物質の性質や変化に着目しながら、次のことを理解するとともに、それらの観察，実験などに関する技能を身につけること。
仮説を検証するための調査を計画し、正確に情報を収集し、記録し、安全に実施する。	データを収集して記録するために、パートナーと一緒に偏りのない実験を計画し、実行できる。	**第１分野** **（２）身の周りの物質イ** 身の周りの物質について、問題を見いだし見通しをもって観察、実験などを行い、物質の性質や状態変化における規則性を見いだして表現すること。

（出典）ニューヨーク州、ノース・ロックランド・セントラル教育委員会の許可を得て掲載しています。

（注）アメリカの二つのスタンダードの番号のみが書かれていましたので、日本の中学校学習指導要領理科編で相当するものを代入しています。右に掲載した QR コードの９ページのほうが分かりやすいかもしれません。

教科別と教科横断の目標は、州や国の基準（日本では学習指導要領）に沿ったものになります。それらは、優先順位を確認したり、パフォーマンスや成果を達成するためには目標を立てることが重要であると理解できるように、生徒と教師に明確で分かりやすい言葉で書かれています。

たとえば、ニューヨーク州のノース・ロックランド・セントラル教育委員会では、「理科をすること」に関して、次世代理科スタンダード[3]に沿った教師目線の目標、生徒目線の目標、さらに国語と算数・数学は各州共通基礎スタンダード（五ページを参照）に沿った目標を掲げています。**表2－1**は、これらの目標のうち、三つについて教師と生徒の視点から見たものです。

はっきりと生徒に目標を述べさせることは、生徒の**声**を反映させる機会となります。生徒自身の視点がパフォーマンスや成果物の完成に向けて取り組む方法の中心に位置し、自分が達成したいことのビジョンを形づくります。生徒が教師と一緒に考えを出しあって、自分たちが達成したいことや取り組みたいことについて考えたり、より熟練した、さまざまなことに適応できる思慮深い人になるためには何が役立つのだろうかと考えたとき、生徒は教師と目標を**共創**します。

また、生徒がこれらのような重要度の高いものに注意を払えば、自分の得意なことと不得意な

（3）（Next Generation Science Standards: NGSS）理科と工学領域の基準で、多くの州が参考にしています。横断的な概念、科学・工学の実践、基盤となる科学的な考え方、という三つの分野から成り立っています。

ことが分かるようになります。これは、生徒の**自己発見**にとって不可欠です。さらに、こうした気づきを得ることで、生徒は助言や支援、フィードバックを他者に求めたり、提供したりするようになります（**他者との共同構築**）。

要素2 「探究／アイディアの創出」――あなたの思考は、このテーマのどこに刺激されますか？ 探究する価値があるのはどのようなことでしょうか？

「個別化された学び」をつくるには、標準化された、教師がデザインした（または、教科書に書かれてあったり、ソフトウェアが作成した）学習を生徒が体験するという形から、生徒自身が作成した学習を体験するという形へ移行する必要があります。

生徒にとっての目標は、カリキュラムの探究に自分自身が責任をもつことです。生徒は、自分たちの心に響くような、もっと知りたいと思うテーマは何かを見定めて、そうでないものと切り離します。生徒は、どのような問題やアイディアを調査するべきなのかということだけでなく、その調査をどのように構成していくのかについても説明ができるようになります。

そのためには、根本的な原因を探るための**問いをもって問題設定をしたり**、多角的な視点から評価することで**柔軟に考えたり**、活動方針を立てるときに**自らの考えについて考える（メタ認知）**といった**思考の習慣**に取り組む必要があります。たとえば、次のようなことに取り組んでみるというのはいかがでしょうか？

サイエンス・フェア――生徒が、（科学分野の）テーマの設定、調査デザイン、成果物の制作などを自分でコントロールします。つまり、実証できる問いが明確かどうか、調査デザインと方法が適切かどうか、データの集め方と分析の仕方や結論が正確かどうかを考えるということです。そして、魅力的な発表ができるかどうか、創造性や忍耐力を発揮できるかどうか、はっきりとした正確なコミュニケーションができるかどうかも問われます(4)。

ソープボックス・スピーチ(5)――生徒は、情熱を傾けている地域社会の問題について、その問題やニーズを明確にし、説得力のあるエピソードや調査内容について発表し、ほかの人たちに行動を促すようにと主張します。スピーチの質（アイディアや内容、構成、言葉遣い、伝え方）を考慮して、あらゆる視点から考察できるように考え、聴衆の関心度にも気を配る必要があります。

健康の大切さについての調査――生徒は、自らや自分の大切な人に関する健康問題を調べて、十

（4）サイエンス・フェアについて詳しくは、『だれもが〈科学者〉になれる』が参考になります。

（5）英語圏では、誰かが意見を述べることを「ソープボックスの上に立った」と表現します。何か訴えたいことや大事だと思うことを人々に伝えるときに木製のソープボックス（石けん箱）を公園などに置き、その上に立って話す「フリースピーチ」というイギリスの伝統に由来するようです。つまり、ここでは、誰でも何でも自由に意見を述べる活動だと捉えるとよいでしょう。

分な情報を得たうえで意見を述べます。その際、中心となる問題や関心事が明確かどうか、信頼できる情報源かどうか、収集された情報が正確かどうか、対象とする聞き手に対して訴えるだけの説得力があるかどうかを考慮しなければなりません。また、代わりとなる案を**創造かつ想像し、イノベーションを起こす**ための準備も必要です。調査の間は、「どんな感じがするのか」とか「どのように見えるのか」など、**五感を使った情報収集**も大切となります。

生徒をデザインの場に招き、「探究／アイディアの創出」を一緒にすることで、生徒は自分の意見を述べたり、偏見や誤解について話し合ったり、自分にとって個人的につながりが断たれているものは何かを特定したり、さらなる調査や学習に必要となるアイディアの提案ができます。これは、従来の教室に存在してきた教師と生徒の上下関係や力学とは大きく異なり、学習デザインのパートナーとしての役割を生徒に担ってもらうことを意味します（以上は、**声**の部分・訳者補記）。

生徒は、課題（歴史研究や短編小説の創作、二次関数の解法など）の範囲内で、アイディアや探究心を膨らませる方法を開発することによって**共創**が行えます。そのためには、**問いをもち問題提起をする**習慣が求められます。**他者との共同構築**は、生徒が課題をつくりあげる指針となるような情報やアイディア、視点を探し求め、そのテーマに詳しい専門家やクラスメイトに相談したり、アイディアや障壁を解決するための相談相手としてほかの人に助けてもらうことで実現します。また、そのときに、**五感を使って情報を収集する**といった習慣も身につけます。

問題解決の糸口やアイディアの出し方、何度やってもうまくいかないときにどうすればよいのか、修正点や行き詰まりが何かを分析することによって解決する方法など、生徒自身が設定した課題をどのように乗り越えているのかが明らかとなり、**自己発見**ができるようになります。常に**自分が学び続けている**ことを認識すれば、**自分の考えについて考える、驚きと不思議に思う気持ちをもって反応する**ということです。

要素3　「課題と発表の聞き手となる対象」——発表の聞き手となる対象を明確にすることによって、創造とコミュニケーションはどのように生まれるでしょうか？

「個別化された学び」を実現するためには、学校の教師だけではなく、現実世界にリアルに存在する聞き手／読み手と情報やアイディア、成果を共有するという機会を広げる必要があります。課題を作成する（絞りこむ）ことと聴衆を設定することは多くの場合密接に関連しており、通常、課題には現実世界における聞き手となる対象が存在するものです。たしかに、何かのコンテストに参加したり、作品を公開展示したりするようにと生徒に求めることは、実際に存在する対象を見つけるための一つの方法となりますが、決してそれらが必要なわけではありません。

このようなイベントの基準を参考にして、ほかの教師と協力して、必要な評価能力をもつ誰かを見つけて聴衆として参加してもらえれば同じような効果は得られます。実際に産業界で使われている基準やコンテストの審査基準など、教室の外で設定されている基準に従って生徒が取り組めば、学習がより有意義で魅力的なものになります。次のような例を考えてみましょう。

調理師養成プログラム――全米レストラン協会が運営している食品衛生教育プログラムである「サーブセーフ」[6]の資格を取得することや、州保健局の検査に合格した厨房での基本的な安全衛生基準を習得することによって、顧客を相手にしたレストランやケータリングビジネスサービスを運営します。

スタートレック・レプリケーター・チャレンジ[7]――二〇五〇年の乗組員たちが栄養価の高い食事をするために役立つ材料を使った3Dプリントのデザインを生徒が作成して、将来、宇宙の奥深くまで探査するミッションにおいて、宇宙飛行士が「長生きしてミッションをやり遂げる」ことを支援します。たとえば、植物の栽培と収穫に必要な機械や食品の調理、食事、残飯の廃棄に必要な機械をつくることができます。

六インチ（約一五センチ）×六インチ×六インチのプリンター容量で、3Dプリントが可能なモデルであることが基準になります。地球の月、ほかの惑星、ほかの惑星の月のために設計された機械、人類の長期宇宙探査を可能にする機械、生徒が選択した非常用印刷材料（原料）でプリントができるように設計された機械などがつくれます。原料となるものは、現在あるものでも、理論的には将来存在するであろうものでもかまいません。

ユース・ジャーナリズム(8)――一二歳から二二歳までの生徒が対象となり、記者が主導するこのプログラムにおいては、生徒がアイディアを練り、優れた文章とジャーナリズムとはどのようなものかという原則に重点を置きながら、記事を洗練させていくことが求められます。

「アラブの春」(9)の取材から、インドにおけるレイプ問題に対する意識調査、アメリカの銃乱射事件の検証、ダライ・ラマ一四世へのインタビューなど、生徒たちは自らの関心事について掘り下げていきます。

---

(6)　(ServSafe)　約二日間の講習を受け、試験に合格して食品衛生の認証を受ける制度です。アメリカでは、この資格をもっている人がいなければ飲食店の開業ができません。

(7)　(https://www.futureengineers.org/startrek)『スタートレック』はテレビドラマシリーズであり、全世界で人気を博しています。レプリケーターとは、シリーズに登場する架空の装置で、分子を材料にして現実に存在するものをコピーするという機能を備えています。３Ｄプリンターの実物版と思えばイメージがしやすいでしょう。

(8)　(http://youthjournalism.org)　ジャーナリズムや時事問題に関心をもち、世界中の仲間と知りあうことに関心をもっている生徒に対して無償で教育を提供する団体です。文化や宗教、国の違いを越えて、世界中の若者がここで学んでいます。

(9)　二〇一〇年から二〇一二年にかけてアラブ世界（北アフリカや中東諸国）において生じた、これまでにない大規模な反政府デモを中心とした騒動のことです。

生徒がより多くの人に向けて作品をつくっていく場合、似たような状況について振り返ったり、対象となる聴衆にインタビューを行うことを通して、**声、共創、他者との共同構築**を使って価値あるものについての感覚を磨く機会が得られます。

また、他者の視点を考慮しながら、何がうまくいって、何がうまくいかなかったのかを検証するために、グループで感想を伝えあうというのもよいでしょう。さらに、目的も中身も**明確で、正確に伝えられ**、ほかのところでも使えるようなコミュニケーションが経験できます。それは、とても貴重な経験となります。

生徒が作品を発表したり、上演したり、放送したりすることは、彼らにとっての**自己発見**につながります。「教師」という比較的安全な相手を聴衆にすることから、「世の中の人々」という不確実な相手を聴衆にした場合には、プロジェクトのデザイン、開発、発表といったそれぞれの段階において自信をもつ必要が出てきます。ただ、このようなステップを踏むことで生徒は**責任あるリスクを取る**といった習慣が身につきます。

多くの生徒にとって、学校でつくったものを一般の人に見せるという行為にはきっと大きなリスクを伴うことになるでしょう。ソーシャルメディアなどで私生活を公開することに抵抗がない生徒であっても、問題に対する解決策やデータの調査・分析による予測、アート形式やジャンルに基づいた創作物の公開は決して簡単なことではありません。

要素4　「評価」——与えられた課題に対して、どのような基準で生徒のパフォーマンスを評価しますか?

「個別化された学び」においては、生徒の作品を教師のみが判断するよりも、自己評価を多く活用することが求められます。とくに、それは最終的な総括的評価に向けた第一段階として活用されます。

生徒が自己評価をしたあと、その結果を、ほかの生徒や教師といった別の評価者とカンファランス（一八ページの注を参照）をするといった形で、お互いの評価がどの程度一致しているのかを確認します。もちろん、評価者は定められた基準に従って判断します。

「要素３」でも述べたように、学校外の組織によって提供されている基準や現実世界に存在する基準（例・共同出願規則、原稿の執筆要領、産業界の基準など）をモデルとして使用すれば課題にリアリティーが生まれます。以下の二つの例を見てみましょう。

・美術教師が廊下のギャラリーをデザインし、それぞれの生徒には、作品を展示し、アイディアの背景やそこで使った技法、全体のテーマと作品との関連性を説明するような、芸術に関する文章を付記することが期待されています。

・国語教師が、学外のコンテストの選考基準や条件に則って生徒に短編小説を書くように指示しました。その作品は、未発表のオリジナル小説で、活字で打ちこまれ、一行空きで、三五〇〇語（日本語だと約七〇〇〇字）以下で書かれなければなりません（「ロリアン・ヘミングウェイ短編小説コンテスト」http://shortstorycompetition.com/guidelines を参照してください）。

ほかにも、生徒自身が評価基準表（ルーブリック）の作成や改訂にかかわるというのもよいでしょう。そうすれば、自分たちに何が期待されているのか、どうすれば一定の基準に達するのかということについて深く理解できるようになります。生徒と教師は、カリキュラムの基準や効果のある事例、逆にそうでない事例に目を向けることで、ワクワクするような、それでいて厳格な評価基準表の作成が可能となります。

評価においては、生徒が作品の審査においてより有意義な役割を果たし、教師と話し合ってどこがうまくいっているのか、どこを改善する必要があるのかを見つけるために、**声**や**他者との共同構築**の力を発揮する必要があります。生徒は、明確な評価基準表を作成し、ほかの生徒の作品を評価する際には**共創**ができるでしょう。また評価は、生徒自らのパフォーマンスの長所と課題を正確に説明することが求められるため、**自己発見**を促すことにもなります。

要素5　「蓄積された学習の成果」――時間をかけて学習した証拠をどのように示しますか？

　ここで必要なのは、（テストによる）成績の積み重ねで成果を示すという採点方式から、ポートフォリオ方式で時間をかけて生徒に成長を実感してもらう方式へと移行することです(10)。生徒の作品を保存して、その学習状況を確認できるような費用対効果の高い学習管理システム(11)の登場によって、長期にわたる達成度や進歩を把握したり、伝達するといった方法が変わりました。

「個別化された学び」においては、生徒自らが責任をもって作成したものを集め、望ましいと思われる成果に基づいて、自分の得意な分野ともっと成長したい分野がどれかを突き止め、キュレート(12)します。そして、その作品を発表の対象者（たとえば、教師や生徒が選んだ審査員）と共有します。

---

(10) そのためには、テストのために教師の講義を聞くことから、生徒が成果物をつくる授業に転換する必要があります。そうすれば、「指導と評価の一体化」が実現するわけです！

(11) 学習者の成績や学習教材などを教師が統合的に管理するためのシステムのことです。学習者自身にも、インターネットを介することによってほかの学習者と協力しながら知恵を出しあって協働したり、学習の習熟度が把握できるなどといったメリットがあります。

教師は、個別あるいは全員に、達成度について生徒が指定した時期（たとえば、一年を何週間というふうに人為的に区切られた時期ではなく、プロジェクトが完了したときなど）に伝えます。ポートフォリオを基本とした評価システムであれば従来の成績が含められますし、達成したコンピテンシー（五ページを参照）の指標にすることも可能です。

生徒自らが蓄積した学習の成果について説明する役割を担うようになったら、彼らは**声と自己発見**の力を使って、不満に思っていることや気づいたことを明確にします。そして、さまざまな成果物（完成したデザイン、問いを立てることで生まれた調査計画、どんな共同作業ができたのかについてのチームレポートなど）から裏づけられた証拠に基づくパフォーマンスを**共創**する形でまとめます。また、次の単元やテーマでさらに成長するためにはどこを改善したらよいのかについて、教師と連携しながら**他者と共同構築**していきます。

要素6 「学習指導計画」——学習指導計画のデザインとはどのようなものでしょうか？

学習指導計画を個別化されたものにするということは、学習を管理するのが教師である状態から、生徒自身が、「いつ」、「何を」、「誰と学ぶのか」について教師と交渉できる状況に変えていくことを意味します。その特徴をよく表す授業では、次のようなさまざまな指導や学習機会が用意されていることでしょう。

たとえば、教師がガイド役となる指導[13]、自分で操作したり、コンピューターアプリなどの技術に支えられた指導、チームワーク、クラスメイトや専門家、教師と一対一のカンファランス（一八ページの注を参照）などです。これまで教師が握っていた指導の手綱を緩めることに抵抗がなくなれば、学習の順番やペース、内容を生徒自身が決めて、必要な支援を求めるという機会が増えます。

「個別化された学び」が実現している教室では、生徒のニーズに対応するために専用の学習スペ

(12) たくさんの情報源から必要な情報を収集・整理して、新しい価値を付与したうえで広く共有・公開することを意味します。もともとは、美術館や博物館などの学芸員を「キュレーター」と呼んでいたことに由来すると言われていますが、最近ではインターネット上の情報提供を対象とした言葉として使われています。

(13) 教師が生徒に読み方を教える際の指導方法の一つとして開発されました。似たような課題や挑戦が必要な生徒数人を集めて、最長で一五分ぐらいの教師主導の指導（「ガイド読み」と言います）をすることです。この詳しいやり方については、『改訂版　読書家の時間』の付録Ｗｅｂ版（ＱＲコード参照。無料です）をご覧ください。それをすべての教科に応用可能にしたものが『「学びの責任」は誰にあるのか』で読めます。ちなみに、この本で「教師がガイドする指導」以外の方法として紹介されているのは「教師による焦点を絞った指導」、「協働学習」、「個人学習」の三つで、このあとすぐの本文で紹介されている「ソーンバーグの学習スペース」に相当しています。

ースが用意されています。未来学者であり哲学者のデイヴィッド・ソーンバーグ（David Thornburg）は、何千年も前から使用されている三種類の学習スペースをモチーフにして次のように述べています。

キャンプファイヤー――よりフォーマルな場で専門家やストーリーテラー（語り手）から学ぶ。
水飲み場――少人数で話し合ったり協働作業をしたりする。
洞窟――一人で学んだり、深く考えたり、何かをつくったりする。(14)

これらのスペースは、それぞれ生徒主体の課題をつくることを促します。そして、これまで説明してきた「個別化された学び」の四つの特徴を統合して、いくつかの**思考の習慣**を使ったり、それを発展させたりするスペースとなります。

「キャンプファイヤー」は**他者との共同構築**であり、**問いをもち問題提起をして**ほかの人から学ぶ機会です。それは、つながる機会を提供するものだと言えるでしょう。「水飲み場」は**声**と**共創**の力を高めるのに役立ちます。小グループでは、メンバーが協力しあい、アイディアを共有することでより広く**互いに協力しあう関係で考えられる**ようになります。「洞窟」は、生徒が自分の作業やつくったものを検討し、アイディアを発展させる機会をもつという意味で**自己発見**と**共創**に適しています。

学習指導計画の目標は、生徒が自立した学び手となれるようにエンパワー（三六ページの注を参照）することです。たとえば、インターネット上において、必要な情報や使える資料にアクセスするためには教師から許可を得なければならないというルールを守らせようとするよりも、学習に必要な経験を得るために、情報や資料、それらの発信者に対する敬意と責任をもって使用することについて学ぶほうが大事です。

また、日常的な経験を超えた文化に触れることによって、生徒は**理解と共感をもって聴く**ことを学びます。次のような例を見てみましょう。

・生徒が、やっかいな数学の問題を好きな順番で解いていき、多項式や不等式を解く能力を身につけたことを証明します。クラスメイトや数学に関するＷｅｂサイト、教師など、あらゆるリソース(15)に対して支援が求められます。

(14)　協力者から、「面白い表現だと思いました。そうですね、人類が続けてきたことですね。それぞれ、自分に合うスペースというのもあるかもしれません。でも、一つに固執してしまうとチャンスを失う気もして、ずっと洞窟にいるわけにもいかないなあ、というようにイメージできそうです」というコメントが届きました。この比喩はとても分かりやすく、生徒と共有することでさらに効果的になると思います。

(15)　リソースには、ハードのもの（学習材）以外に、ＩＣＴなどで入手できる情報や人に代表されるソフトも含まれます。

・生徒がズーム（Zoom、あるいはスカイプやグーグル・ミートなど）で地元の建築家と対談し、「小さな家」で面積を最大限に活用するためのフィードバックを受け取っています。二人は、ステルスキッチン（収納式キッチン）、変形可能テーブル、壁掛けベッドなど、空間を多面的に活用するための優れたコンセプトについて議論をしています。

・アメリカ史とアメリカ文学（日本なら日本史と国語・訳者補記）の合同授業では、重大な不正を特定して説明し、その説明をさまざまな資料で裏づけることを求めます。生徒が、小グループまたは個人で、その不正がいつまでさかのぼって行われていたのかについて調べるというのもよいでしょう。

・読解力適応プログラムである「フロント・ロー」(16)を使って、さまざまなレベルの複雑な文章を理解する力を高めています。五段階のレベルに分かれており、テーマごとに記事が閲覧できます。

教師は、生徒の読解レベルに応じて、どの記事を読むのかを割り当てます。読解問題に正解すると、次に読む記事の読解レベルが上がります。また、生徒が自分で選んだ記事を自主的に読むことによって、スキルの訓練が続けられます。

要素7

「フィードバック」[17]――フィードバックはどのように成長を促すのでしょうか？

普段の授業を「個別化された学び」へと変えていくためには、あらかじめ計画したチェックポイントで教師がフィードバックを提供するという状態から、最初の下書きが完成したときや難しい問題が出てきたとき、あるいはアイディアを磨きあげてその影響を確認したいときなどといった自然なタイミングにおいて、生徒がフィードバックを求めるという状態へと移行する必要があります。

有益なフィードバックを提供するためには、教師と生徒が評価の基準について共通の理解をもち、その基準に照らして、これまでのパフォーマンスや成果の質を説明できるようになっている必要があります。そのような形で、**常に学び続ける**習慣を身につけることが大事な目的となります。

---

(16)（Front Row）現在のURLは、gofrontrow.com です。デジタル技術などを使って、あらゆる学習環境におけるコミュニケーションを簡易にするツールを提供しています。この読解力適応プログラムもその一環で、生徒の理解力を向上させたり、支援させたりするためのデジタル技術のことを指しています。

(17)　生徒同士がフィードバックをしあうという学びに関しては『ピア・フィードバック』が参考になります。

理想的な方法は、生徒が次のようにすることです。

・問いや疑念を示したり、フィードバックをもっとも必要とする分野を一つか二つ示して会話の内容を決める。
・教師やクラスメイトのフィードバックをより良く理解するために、メモをとったり追加の質問をして、熱心に耳を傾ける。
・時間を割いて自分の作業を手伝ってくれた人に対して感謝する。
・適切な次のステップを決めて、一人もしくはフィードバックをしてくれた人と一緒に行動を起こす。(18)

一方、フィードバックを提供する側は、次のようにすることが理想となります。

・相手の話を、**理解と共感をもって聴く**。
・肯定的で建設的で、詳しく説明したコメントを提供することに重点を置く。
・プロジェクトを評価するためにつくられた評価基準を使う。
・相手がどれくらいフィードバックを理解しているのかを確かめる。
・フィードバックを求めてくれたことに感謝し、その後の作業の目標設定を手伝う。

生徒同士でフィードバックを提供したり、受け取ったりするとき、彼らの**声**はとても重要となります。受け取ったフィードバックについて質問をすれば、自分にとってもっとも有益な点に焦点を合わせながら話せます(19)。

フィードバックは、繰り返しによって（しかも、両方の立場を経験することで）上達します。フィードバックを受け取る側が経験を積めば、単なる疑問の形から「思考を凝らした」問いかけの形を意識するようになりますし、しばらくすれば、彼ら自身がより良いフィードバックを提供する側になるでしょう。

フィードバックの会話には、**共創と他者との共同構築**が含まれます。生徒は、その経験の結果として次のステップのデザインができます。さらには**自己発見**を促し、意味のない居心地の悪い会話から脱し、率直で実用的なフィードバックを提供するようになります。そして、会話が終わったあとには、次のステップへと踏み出す力を身につけるでしょう。

---

(18)　学びを単に静的なもの（理解して終わり）として捉えるのではなく、動的なもの（アクション）として捉えている状態がうらやましいです！

(19)　大切なものとそうでないものを見極める力であるクリティカル・シンキングの力にもつながります。

「個別化された学び」についてのある教師の振り返り

私たちはみんな、増えつつある新しいタイプの学び手たち[20]により柔軟な対応ができるよう、教育システムを見直す必要性を感じています。しかし、このような変革に対しては不安感を抱いてしまうものです。高校の生物教師であるクレイグ・ガスタウアー先生に話を聞いたとき、彼が次のような振り返りをしてくれました。

二〇年以上にわたる教師生活を通じて、私はすべての生徒が深く学べるようにと苦心してきました。もちろん、多くの生徒が目標を達成してきましたが、それで満足することは許されません。生徒のなかには、学校というゲームの攻略法を身につけたというだけで目標を達成した気分になっている人がいます。一方、努力の結果、目標を達成した生徒もいます。しかし、その隙間からこぼれ落ちた生徒もいました。恥ずかしながら、それを黙認してきたことを私は認めざるをえません。

どんなグループや生徒に対しても、私はもっとやれることがあると感じています。私の教室で生まれる学習は、偶然のものであっても、生徒が学校というゲームを上手にこなせるからではないはずです。

私は、彼らの学びのプロセスを変えていくために支援をしなければなりません。つまり、文脈を無視して内容を学ぶことから、考えるべき論点を検討し、問題を特定し、解決策をブレインストーミングし、自分の考えに基づいた行動をするという学習への変化です[21]。また、機械的に内容を記憶することから、特定した考えるべき論点や問題、解決策、行動を伴う知識を積極的に活用し、自分のなかに知識を構築する学習に変えなければなりません。

私たちは**思考の習慣**を、意図的に思慮深く、学習に取り組むための行動や方法を説明する分かりやすい言葉だと考えています。それは、とても優秀な「考える人」の習慣だと言えます。「考える人」とは、すなわち過去の経験から学び、自分の考えをはっきりと伝え、他者の意見に耳を傾け、他者の考えから影響を受けるといったことが容認できる人です。

(20)　従来の画一的な教え方では伝えられない生徒たちのことです。あるいは、興味や関心、好奇心などを喚起しにくい生徒たちです。

(21)　協力者から、「最近は、生徒から無理やり問いを引き出したり、生徒が教師に忖度した発言をもとにして文脈をつくりあげるといったことが横行しています」というコメントが届きました。たしかにそれは、教師側のご都合主義に生徒が付き合っているだけという恐れがあり、気をつけたいものです。

まとめ

学びを個別化するということは、生徒をカリキュラムの中心に据えることを意味します。ここで紹介してきた七つの重要な要素は、学習デザインのプロセスにおいて生徒が重要な役割を果たす一員となれるような教室に近づくために、教師が意図的に選択するものです。

また、生徒の**声**、**共創**、**他者との共同構築**、**自己発見**という四つの特徴は、私たちが追い求めるべき重要な習慣を思い出させてくれます。これらの特徴を通して私たちが現在行っている実践をフィルターにかけると、私たちが今どこにいるのか、そして何をする必要があるのかが分かります。

本章で説明した七つの要素を振り返り、以下のようなことを自らに問えば、あなたの実践が今の時点でどの程度個別化されているのか、あるいは、そうした方向にどの程度進んでいるのかが明らかになるでしょう。

声――生徒が自分の作品や作業の内容について、疑問や懸念、より深い考えを述べられるような機会を提供していますか？　また、生徒が他者に対して敬意をもって同意したり、反対できるようにしていますか？　生活している学習スペースにおいて生徒たちは、自らを市民[22]として認識しているでしょうか？

共創――生徒が取り組む課題をデザインするとき、生徒自身に参加してもらっていますか？　生徒は、教師やその分野の専門家とともに、共同制作者として自分たちの目標や評価、学習内容、成果について選択することなどについて、自ら進んで形づくっていますか？

他者との共同構築――生徒は、自分の作業に深い意味を与えようとして、ほかの人々の知見をうまく使えていますか？　また、自分が学んでいる分野で、より専門的な知識をもつ人々との交流ができていますか？　自分の考え方に影響を与えてくれたり改善できるように、他者と協働する方法を学んでいますか？

自己発見――生徒は、意欲的な学び手であると自らを捉えていますか？　学んだことを振り

---

(22)　その空間において発言権をもち、それによってその空間をより良くしようと考え、行動できる人を指します。「〇〇市の住民」といったときにも同じ言葉を使いますが、日本では民主主義と同じで、まだ紙の上でしか存在しないものかもしれません。

返り、**既習の知識を新しい状況に適用する**方法を理解していますか？　生徒は、自分の学習スタイルと、自分とは異なるほかの人の学習スタイルに気づいていますか？　生徒は、何かを計画したり、実行したり、つくり出したり、自分が学んだということを実証できるような新しい方法を生み出すことについて、より創造的な状態になっていますか？

第3章　終わりを意識してはじめる

——目標と探究・アイディアの発想

本章では、学びを個別化する際に考慮すべき最初の二つの要素、すなわち「目標の設定」と「探究とアイディアによってプロジェクトの方向性を確立すること」について詳しく見ていきます。

この二つの要素は、自然な状態で絡みあっています。通常、ある単元について、教師は生徒に何を知ってほしいか、何ができるようになってほしいか、何を理解してもらいたいかを明確にします。そして、学年や発達段階に応じて、期待すべきことを詳細に考え、それに焦点を当てた目標やコンピテンシー（五ページを参照）を考えていきます。しかし、理想的な学習体験のアプローチは、生徒自身が到達すべき目標やコンピテンシーを探究していくことにあります。

教師は、生徒たちが内容を掘り下げ、一般化したり、対象となるものの本質を見抜いたりして、**既習の知識を新しい状況に適用する**ための幅広い質問や問題をどうしたら見いだせるのだろうか、ということを第一に考えるべきです。そのためにも、逆向き設計（七一ページの**訳者コラム**参照）をする際の出発点として、教師が生徒と一緒になって最終的な到達目標を設定していく必要があります。

グラント・ウィギンズ（Grant Wiggins）とジェイ・マクタイ（Jay McTighe）によって書かれた『理解をもたらすカリキュラム設計――「逆向き設計」の理論と方法』［参考文献35、36］のなかで提唱された「逆向き設計のモデル」は、教師にとってだけでなく、生徒にとっても力強く、驚くべきものとして受け止められるでしょう。なぜなら、生徒たちは自分で目標を設定し、進むべき方向を決めることにそもそも慣れていませんので、最初はそのプロセスに戸惑ってしまうからです。

そこで教師が、ガイド役として重要な役割を果たすことになります。生徒たちがカリキュラムのなかから宝物を見つけるために、教師が指揮を執るというよりは、バランスよく導いていくことが重要となります。

目標――最終的な到達地点を決める

最近は、最終的な到達点に向けた授業設計を取り入れるといった教師が増えています。生徒が

訳者コラム

「指導と評価の一体化」を実現する授業の「逆向き設計」

「逆向き」という言葉は、少し語弊があるかもしれません。原語は「backward design」です。何が逆向きかというと、目標を実現するための行動計画を考える前に、評価の方法について考えるところです。

日本の指導案も、①目標の明確化からはじまり、②それを達成するための指導計画を作成し、そして教え終わったあとに③評価を考えるという手順が、長年にわたって当たり前のように行われています（近年は、①のあとに評価規準を書き出すことがうるさく言われていますが、基本的には目標の裏返しのレベルですから、単に時間の無駄をしているにすぎません）。

それに対して「逆向き設計」は、②と③を交換することを提唱しています。①の目標の達成度合いを明らかにするためには、どのような「③評価」をするのがいいのかと考え、そのあとに、①と③を最大限に実現するための「②指導計画」を立てるという手順です。

実際に教える際には①と③は変わりませんが、評価や振り返りを並行して実施することになる（形成的評価や自己評価が頻繁に行われる）ので、②の指導計画は状況に応じて臨機応変に生徒の学びを最大化するために変えられますし、また変えるべきという捉え方です。

これによって、「指導と評価の一体化」が実現されることになります。なお、この部分について協力者から次のようなコメントをもらいました。

「子どもを見ながら変えていくことは当たり前なのに、子どもを指導計画に合わせていくことが横行しています。指導案作成、指導案検討の研修にこだわりすぎる弊害だと思います。指導案検討以前に、どういう力をつけたいのか、どういう力が必要なのかを語りあいたいと思うのですが、固定観念に縛られ、教えること、学ぶことについて更新できていない教師が集まっても、実のある話には進まないというのが現実です」

表3－1　目標と関連する思考の習慣

重要な要素	生徒と教師の役割	関連する思考の習慣
目標 望ましい結果とはどのようなものか？	生徒と教師は、教科固有、教科横断的、または心構えに関して、それぞれが目標にどのように合致しているのかを確認する。	・自分の考えについて考える。 ・正確さと精度にこだわる。 ・互いに協力しあう関係で考える。

何を知り、何ができるようになるべきかをあらかじめ明確に示して、生徒が成果を示すための道筋を複数用意し、時間も融通がきくような設計になっています。こういう形で、それぞれがもつ過去の経験やスキルに左右されることなく、生徒に達成の機会を与えることを目指しています①。

これは、まったく新しい考え方②というわけではありません。同じアプローチは、学習成果ベースの教育や業界標準③とも結びつきが深い職業教育でも採用されています。そのなかで「新しい」と言えるのは、目標やコンピテンシー、「個別化された学び」、**思考の習慣**を組み合わせる形で、より効果的で思慮深い学習経験が生み出せることです。

思考の習慣が学習におけるデザインに初めから組みこまれておれば、より深い思考を促すことにつながります。たとえば、**明確に考え、正確に伝えたり、創造かつ想像し、イノベーションを起こしたり**するとき、生徒たちは自らの思考に対してより意識するようになり、それによってより高い思考レベルに引き上げることができます。

目標、コンピテンシー、スタンダード――その違いとは?

言葉の定義について議論し、迷走する時間はないので、ここでは、重要な定義を確認することに留めます。まずは、スタンダードとコンピテンシー（五ページを参照）の違いについて説明します。

スタンダードとは、教育プログラムの特定の時点において、生徒が何を知り、何ができるよう

（１）このやり方を分かりやすく説明しているのが『ようこそ、一人ひとりをいかす教室へ』ですので参考にしてください。クラスのなかで、生徒一人ひとりがもっている興味関心、知識・経験・情報、学ぶスピードや学び方には大きな違いがあるにもかかわらず、あたかも「すべては同じ」と仮定して考えられているのが一斉授業ですから、『一斉授業をハックする』も参照する価値があります。また、第1章の「個人学習」や「一人ひとりをいかす学習」と「個別化された学習」の違いを比較したところ（一六〜二五ページ）も参照してください。

（２）（outcome based education、通称ＯＢＥ）学習プロセスよりも学習成果を強調し、目標とした能力を修得したかどうかについて教育機関は結果責任（アカウンタビリティー）を負っているという考えに基づいたカリキュラム開発の考え方を指します。なお、日本ではアカウンタビリティーは「説明責任」と訳されてしまいますが、より多くの割合は「結果に対する責任」が占めています。アカウンタビリティーの捉え方に興味のある人は、『だから、みんなが羽ばたいて』（仮題）の六〇〜六一ページが参考になります。

（３）公式に定められた基準があるわけではありませんが、多くの人々に受け入れられることによって実質的に標準として使われるようになったものを意味します。

になるのかという期待を示すためのものです。これは、州または国レベルにおいて、大学などの関係者を含むさまざまな人たちの意見を統合して作成されています。(4) これに対してコンピテンシーは、生徒たちが教育プログラムのなかで学ぶことが望ましい能力、スキル、または心構えのこととなります。

この二つはとても似ているような気がしますね？　細かいように思えますが、注目すべき違いが二つあります。まずコンピテンシーには、一般的にスタンダードでは見落とされがちな心構え、つまり「ソフトスキル」（二七ページの注を参照）を含めることができます。二つ目は、コンピテンシーは地域レベルでの提示が可能です。つまり、スタンダードの複雑な文言を、その学校における教師、生徒、保護者にとって理解しやすい表現へと置き換えられるのです。

では、なぜ今コンピテンシーが注目されているのでしょうか？　私たちは次のように推測しています。

まず、テクノロジーが進化してきているなかで、「いつでも、どこでも」学習できるようになる可能性が出てきたことです。コンピテンシーが明確で、指導と評価という一連の流れがバーチャル・プラットフォーム上にあれば、生徒たちは自分のペースと、それぞれのスケジュールを調整しながら、必要とされるコンピテンシーを自ら追究できるようになります。

第二に、国や州の重要な政策が変化したり、アカウンタビリティー（結果責任）が以前ほどは求められなくなったなかで、教育において必要のないものを指摘し、教師がやりたいことに取り組む余裕が少しだけできたことです。たとえば、アメリカにおいては、「すべての生徒が成功する法（Every Student Succeeds Act）」[5]によって構造的な障害が取り除かれ、「個別化された学び」やコンピテンシーを重視する教育を目指した学校改善やイノベーティブな実践がより柔軟に行えるようになりました。

私たちが大切にしたいのは、教師が学校の内外において、学びに関する長期的な目標について明確かつ簡潔に、そして幅広く説明することです。ここで言う長期的な目標とは、教育プログラムの基盤となっている「望ましい能力」、「スキル」、「心構え」のことです（先に紹介したウィギンズとマクタイは、これらの目標を活用できるようにするための目標、つまり各教科や学校教育が目指す「より大きな目標」と呼んでいます［参考文献35、36］）。

そして、生徒たちが立ち止まり、豊かな問いをもち、それを追究する方法を学べるようにする

（4）日本には文部科学省が発行する「学習指導要領」という絶対的なものが存在しています。

（5）これは、教育関係者の間で評判の悪かったブッシュ政権下の「落ちこぼれ防止法（No Child Left Behind）」をオバマ政権が見直し、二〇一五年に可決したものです。生徒が受けるスタンダードの決定などで、州や教育委員会の裁量が大幅に拡大されています。要するに、以前のように標準テストの結果に教師たちは戦々恐々としなくてすむ、ということです。

長期的な目標(教科および心構え)	関連するコンピテンシー
理解と共感をもって聴く 相手の考えやアイディアに対して、理解するために最大限のエネルギーを注ぐ。相手の視点や感情を理解しようと努力する。	・理解を深めるために別の言葉に言い換える。 ・相手の感情と知識のレベルに対して配慮を示す。 ・相手の言っていることを理解するために、考えを明確にするための質問をする。
創造的思考 これまでになかった方法で世界を認識する。隠れたパターンを見つけ、一見無関係のような現象同士を結びつけ、新しい創造的な解決策を生み出す。	・標準的な慣れ親しんだ枠組みを超えて状況の観察ができる。 ・問題に対して、複数の代替案が出せる。 ・一見異質な要素やアイディアを結びつける。 ・斬新な／これまでなかった解決策や成果物を考え出す。 ・選択肢の実行可能性を評価し、最善の行動を決定する。
コミュニケーション 与えられた目的のために、さまざまなメディアを使って、対象者に情報、アイディア、感情の表現ができる。	・考えを明確に表現できる。 ・対象に対して適切な表現ができる。 ・目的に応じて、適切な内容やスタイル、雰囲気が選べる。 ・選択したメディアを用いて、質の高い作品がつくれる。
リスクを取って、チャレンジする リスクを取る前に、そのリスクについて考慮する。衝動的な行動を抑えながら、必要に応じてリスクが取れる。	・新しくて、より良いアイディアについて考える。 ・熟慮のうえでリスクを取ることについて必要な決断をする。 ・自らに対する自信を示し、より深く知り、創造するための機会を得ようと前向きである。

(出典) Kallick, Zmuda, & McTighe (2017) の許可を得て掲載しています。

表３－２　長期的な目標と関連するコンピテンシー

長期的な目標(教科および心構え)	関連するコンピテンシー
キャリアと技術教育 生徒それぞれのもつ興味、才能、希望に基づいたさまざまな選択肢を探究し、将来のキャリアパスになりうるものを見つける。	・就職やキャリアの目標を設定する。 ・必要な専門知識を得るための計画を立て、行動する。 ・履歴書やポートフォリオを作成し、成果を証明する。
体育 選んだゲームやスポーツにおけるスキルを上手に活用しながら、公平にプレーする。	・スキルを身につける／向上させるための目標を設定し、自分のパフォーマンスを評価する。 ・マナーを守るように自らを律する。 ・(チームスポーツやグループ活動における）集団としての目標達成のために貢献する。
算数・数学 数学的な論理性と忍耐を使って複雑な（厄介な）問題に取り組む。	・問題の本質を明らかにする。 ・適切なツールや公式を応用する。 ・解決策の妥当性を評価する。 ・数学的言語を使用して、解決策やプロセスを表現することができる。
クリティカルな思考 ある主張について、受け入れるか、拒否するか、あるいは判断を保留するかを決める。	・主張／立場を明らかにする。 ・主張／立場を明確にするための適切な質問をする。 ・情報源の信頼性を判断する。 ・理由、仮定、証拠の妥当性を見極め、議論の質を判断する。 ・正当な根拠に基づき、結論を出す。

ことです。そうすれば、生徒は適応力のある問題解決力を身につけ、効果的なコミュニケーションが可能となります。また、創造的かつクリティカルな思考（三三ページの注と**表３－２**を参照）ができるようになり、生徒が**思考の習慣**を身につけるという姿勢につながります。ここに関連してくるコンピテンシーは、このような広範な目標を実現するための指標を一つ一つ示すものとなります。

前ページに示した**表３－２**は、ジェイ・マクタイとともに作成したものです。いくつかの教科と心構えにおける長期的な目標と、それに関連するコンピテンシーが示されています。

このように、目標と関連するコンピテンシーを明確にすれば、教師は協力して、学年や教科・領域がなぜ、そしてどのように教育の全体像の一部になっているのかについて理解できるようになります。それは、教科と心構えにおける、広範な目的を理解することにつながります。

学年や教科・領域が全体の一部になっていると理解することは、学年レベルで切り分けた期待値に焦点を当てた目標やコンピテンシーを設定することとはまったく違います。あらかじめ学ぶ知識を提示し、手続き的にそれを身につけるといった仕組み[6]は、授業で教えこむことやテストを繰り返すことにつながってしまいます。そうした細かく参照するだけの勉強から脱却して、「なぜ学ぶのか」という問いに答えられる広い視野をもつとともに、その広い視野をよりコントロールできるように分割する必要があります。

国語を個別化するためのSMARTゴールの活用

生徒にも、ここでは重要な役割があります。それは、目標が何であるかを理解し、それを達成するための計画を立てることです。

三年生を担当するジェシカ・クレイグ先生は、一年を通してSMARTゴール（strategic／specific［戦略的／具体的］、measurable［測定可能］、attainable［達成可能］、realistic／relevant［現実的／関連している］、time-bound［期限を設けた目標設定］）を生徒に作成させ、英語（日本の国語）の時間を個別化することに取り組んできました。彼女は、自分のやり方を次のように説明しています。

――私たちのクラスでは、ダグラス教育委員会の「ワールドクラス」の成果目標を使っています。また、その成果目標をもとにして、より大きな目標に到達するための小さな重点分野（た

（6）このような、「〇〇は△△である」と説明できるような事実に関する知識のことを「宣言的知識」と言い、「どのように〇〇するか」についての知識のことを「手続き的知識」と呼びます。たとえば、「ピアノとは鍵盤楽器の一種である」という説明は宣言的知識、ピアノの弾き方を理解していることを手続き的知識と呼びます。また、「〇〇というときは△△という方法を使えばよい」という知識のことは「条件的知識」と言います。

とえば、流暢さ、正確さ、再話、理解、解釈など）をブレインストーミングして考えていきます。

六～八週間ごとに、生徒たちはもっとも取り組むべきと思われる分野を選び、私と協力してＳＭＡＲＴゴールを自ら考えて作成します。そして、その目標に到達するための計画を立て、その分野における成長を助ける活動を考え、毎日の英語（国語）の時間に取り組んでいきます。生徒が目標を家族と共有し、進捗状況を把握する方法をあらかじめ決めておくことが非常に重要となります。そうすれば、彼らは自らの学びに対して、結果責任が果たせるようになります。

表３－３は、生徒たちに配布するＳＭＡＲＴゴールの作成ガイドと、目標のサンプルを示したものです。

このＳＭＡＲＴゴールの例では、生徒が自分なりに理解しやすく、また意味のある言葉で記述しています。また、より大きな目標についても理解しながら、教師と一緒に具体的な行動の計画や関連する学習経験とつなぎあわせていきます。そして、目標と進捗状況に関して家族と確認しあう方法についても明確にしておきます。

こうすれば、最初から生徒自身が学習を進める力を手中に収めます。

表3－3　生徒がSMARTゴールを作成するためのガイド

SMARTゴールの要件	私のSMARTゴール
戦略的／具体的 私は何を達成したいのか？	私は、いろいろな場における会話のスキルやコミュニケーション能力を向上させたい。
測定可能 私は、どうしたら自分の目標が達成できたかどうかを知ることができるのか？	月末のプレゼンで自己採点し、いろいろな場における会話のスキルやコミュニケーション能力が上達したかを振り返る。
達成可能 そのゴールは、私の今あるリソースで到達できるものか？　そもそも、私が今もっているリソースとは何か？	私の個人的な学習活動 ①スクリーンキャスト(注) ②自主的な読書 ③発表
現実的／関連性 過去や現在取り組んでいる単元とどのように関係するのか？　この目標を達成するメリットは何か？	これらの活動は、私の読み書き能力、とくに再話能力を向上させるのに役立つ。 これは、今年の初めに行った「自分をどう表現するのか」という探究の単元とつながっていると言える。実際に、私は自分を表現し、伝える方法について学んでいる。
締め切り 私は、いつ目標に到達する予定なのか？	1月末

（注）コンピューター画面の録画ツールを用いて、動画として記録することです。また、この表について、協力者から次のようなコメントをもらいました。「問いによって生徒が考えられるようになっていていいですね！　ぜひ、やってみたいです。ICTの導入によって自由度は上がりましたが、全体に教えるべきことが増えてしまい、生徒が実際に選択肢を増やしていけるのはこれからなのかもしれません（学校ごとの差も大きいです）」

探究・アイディアの創出——糸口を見いだす

生徒たちが探究に没頭しているときや、アイディアを生み出すことに深く引きこまれているときには強いエネルギーが生まれます。彼らは、理解し、納得し、アイディアを生み出し、それを試すことに夢中になります。

私たち教師は、このような瞬間に立ち会うときには、驚きとワクワク感をもって彼らを見守ると同時に、このようなことが繰り返し起こるような状況をつくり出せるように努力していく必要があります。

実は、このような探究・アイディアの創出が活発に行われていること自体が多くの学校ではほとんどありません。これは、「典型的な」授業によって生徒たちの探究がいかに軽んじられているかということに起因しています。

授業での学びが、誰かが「やれ」と言ったことをただこなすという、まるでお役所仕事のようになってしまっています。生徒は取り組むべきとされているワークシートにただ記入し、「やること」リストにチェックを入れることが学びであると捉えています。そして、生徒が学んだ知識や技能をテストや発表の場で披露すると、その学びは「終わり」ということになっています。そ

表３－４　探究・アイディアの創出と関連する思考の習慣

重要な要素	生徒と教師の役割	関連する思考の習慣
探究・アイディアの創出 テーマの何があなたの思考をかき立てるのか？追究するだけの価値があるのは何か？	生徒は、それぞれで、課題、アイディア、設計、または調査方法を独自に決めて、明確にする。 教師は、生徒の想像力、好奇心、より深い学びが刺激される大きなテーマ、確立された探究、または課題を提示する。	・柔軟に考える。 ・問いをもって問題提起をする。 ・創造する、想像する、イノベーションを起こす。 ・責任あるリスクを取る。 ・既習の知識を新しい状況に適用する。 ・自分の考えについて考える。

して、その後、リストのほかの項目、つまり過去に学んだこととは切り離されている別の課題に焦点が移っていきます。

生徒は学んでいる内容に夢中になるわけではなく、教師から提示されたルールに従って、（まるでサーカスにおけるライオンの芸のように）決められた輪っかを飛び越えることに注力するだけなのです。

私たち教師の重要な仕事とは、関連性のないイベントの連続になってしまっている「授業」から、関連性と継続性に富んだ「学習」に移行することです。そのための方法は、探究・アイディアの創出とつながる目標が明確に存在している授業設計を取り入れることです。

それは、幅広いスキルや心構えと、生徒が自分自身のこととして取り組めるテーマ中心の探究活動を結びつけていくことになります。私たちは、このよ

うな学習を促進するために三つのタイプの授業デザインがあると考えています。(7)

❶教師またはカリキュラムのガイドラインによって提示されたテーマ、あるいは探究活動からはじまる学び。
❷教師と生徒が共同で作成したテーマ、あるいは探究活動からはじまる学び。
❸生徒が主体となって取り組む個別のテーマ、あるいは探究活動からはじまる学び。

生徒には、三タイプの授業すべてにおいて一貫した経験が必要です。しかし、それは、すべての教科や学年、そしてすべての単元において、数週間にわたって同じ状態である必要はありません。ただし、それには、探究・アイディアの創出において時折経験する苦悩、頻繁に生じる混乱、そしてそれらが報われる魔法のような瞬間が感じられる必要があります。

それでは、それぞれのタイプをもう少し詳しく見ていきましょう。

①教師またはカリキュラムのガイドラインによって提示されたテーマ、あるいは探究活動からはじまる学び

このタイプは、教師が作成した質問、課題、または学習単元内で設定されている問いを基盤とした内容となります。生徒は、教師から提示された学習経験を通じて、ガイドラインに従ったり、教師からの支援を受けたりしながら探究的な学習に取り組みます。以下の三つの例が、その具体

的な方法を示したものです。

・六年生（三九ページの注を参照）における数学の単元では、実在する事例を使うことで「公平さとは何か」について考えます。ここでは、平均、メディアン（中央値）、最頻値を使って、成績はどのように計算されるのか、アメリカ議会に州はどのようにして代表を送り出しているのか、プロスポーツ選手はチームにどのくらいの価値をもたらしているのか、などといった具体的な事例で考えていきます。

それぞれの例について生徒たちは、どのような尺度が一般的に使われているのか、そしてそれらがなぜもっとも妥当なものとなっているのかについて検証していかなければなりません。

・社会科の一年間を通した探究のなかで、四年生はアメリカ国内のさまざまな地域の地理、経済、文化について学びます。そして生徒は、「この地域はどのように説明できるのか？　ほかの地域と比較してどうなのか？」という問いと向きあいます。

教師は、生徒たちに一つ一つの地域について取り組んでもらい、地域ごとの理解や比較ができるようにします。

（7）日本では学習指導要領が該当するでしょう。

・高校におけるビジネスの授業で、生徒たちは就職面接のビデオを見ながら、「よい第一印象を与えるために、人はどのように振る舞っているのか」について考えます。就職希望者が自分の考えや企業で貢献できる可能性についてどのように表現しているのか、質問に対する応答の仕方、身だしなみ、話し方など、見るべきポイントを教師が生徒に示していきます。

このような探究は、生徒が自分で考えるためのリアルな課題や価値ある課題について考える機会を提供すると同時に、生徒が迷ったり、脱線したりしないような一定の方向性を示していると言えます。

②教師と生徒が共同で作成したテーマ、あるいは探究活動からはじまる学び

このタイプも、特定のカリキュラムに関連する探究です。しかし、この場合は、生徒それぞれが個別で探究する価値があるものを決定するために教師と協力しあいます。その結果、次の例が示すように、生徒はより深い学習に取り組むことになります。

・ある理科の単元で、一年生が「物体が沈んだり浮いたりするのはなぜだろう」と考えていました。そこで教師は、生徒にリンゴとカボチャを渡して実験をしてもらいました。その結果、ある生徒は、すべての果物や野菜が浮くのではないかと考えました。そこである生徒が、ラ

ンチボックスからバナナを取り出して実験をしてみます。すると、すぐにその仮説が誤っているることを発見しました。

この実験結果をもとにして、何が要因で物体は沈んだり浮いたりするのか、そのパターンはあるのかなどについて考えていきます。

・中学校における自然災害の単元で、生徒が自分たちの地域で起きた洪水とその被害について体験談を共有しました。その結果、ある生徒は、洪水に備えた緊急準備キットを調査・設計することを決めました。別の生徒は、洪水の被害総額がいくらになるのかについて数値化しました。もう一人の生徒は、重要だと思われることを忘れないようにするために、この悲劇から生まれた破壊現場と人間性を写真に収めることにしました。

・高校におけるアメリカ史の公民権に関する単元において、生徒たちは最近開かれた四つの裁判例を見て、現代社会における警察と司法制度の役割について、自らの経験に基づきながら考察しました。

「ある集団にだけ適用される規則や法律は、どの程度差別的と言えるのか。不公正を克服するために、私たちはどのように協力しあえばよいのか」が、授業において鍵となった問いでした。生徒たちはより良く理解し、数値化し、学びを深めるために自ら探究するための問いをつくりました。(8)

この三つの授業例は、教科の縦割りという典型的な学校のあり方自体を覆すものではありませんが、それでもある程度は、質問づくりや問題解決、クリティカルな思考、コミュニケーションなどが求められる授業内容となっています。

③生徒が主体となって取り組む個別のテーマ、あるいは探究活動からはじまる学び

このタイプでは、生徒たちの生活環境、個人的な経験、または願望から探究がはじまるため、知識を追究することに深い情熱を抱きます。その例を見てみましょう。

・化学療法を受けている一〇代の少女が、「私の髪の毛はいつ生えるのでしょうか?」という問いをもちました。母親が、その質問をサイエンス・フェア(四七ページを参照)のテーマにするようと提案しました。

彼女は、化学療法の患者たちの髪の成長について、医師やがん患者仲間にインタビューを行い、科学雑誌に掲載されたデータも吟味していきました。そして、そこから得られた一般論と、自分自身の状態に基づいた今後の予測について発表しました。

・一二年生までの生徒たちは、離婚、いじめ、食べるものが十分にない、孤独、精神疾患、慢性的なストレス、未知なものへの恐怖、警察への恐怖など、自分自身に重くのしかかる問題や課題について探究する意思をもっています。その問題を探究し、理解を深めることで、自

らに癒しをもたらす可能性があります。また、同じような境遇にある人たちに、慰めや希望、理解を与えられるかもしれません。

・ある六年生が、最近一〇代に多発しているサッカーでの脳震とうについて疑問をもちました。彼は、自らのスポーツへの取り組み方を見直すために、神経科学についてもっと知りたいという思いをもっています。

・ある三年生は熱心な詩人であり、自分の詩集を一冊出版したいと考えていました。彼女は、自分の詩のメモを見返し、公開する価値のある詩を選び、言葉遣い、構造、タイトルなどを改めて確認し、それぞれの詩が明確なメッセージをもてるように練りあげていきました。

教育テクノロジーの専門家であるアラン・ノヴェンバー（Alan November）は、自ら進んでチャレンジすることにもっとも抵抗していた生徒の一人が、自分の町で閲覧ができる、障害者のためのリソース（五九ページの注を参照）を集めた巨大なデータベースを作成した様子を紹介しています。

（8）　このように一つのテーマに対して生徒が自分たち自身で問いをつくる「質問づくり」は、生徒の思考を深めるための強力なツールです。『たった一つを変えるだけ』を参照してください。

ノヴェンバーは、「生徒が内発的動機づけによって自分自身の探究のテーマを決めたときには、そうでないときと比べて明確な違いがあった」と主張しています。「生徒たちは、夏休み中もコンピューター室を開けてほしいと懇願するほどでした」〔参考文献29〕

教師における設計上の課題は、探究を促すような内容がカリキュラムに含まれているかどうかを確認することです。そして、それは、生徒の好奇心を刺激し、まだ答えの出ていない謎に迫るような内容でなければなりません。

教師には、生徒が**五感で情報を収集し、驚きと不思議に思う気持ちをもって反応し、**さらに生徒が重要だと感じられるような学習経験を構成する必要があります。しかし、すべてを提供しすぎないように注意して、生徒自らが十分に思考し、学習を改善していく機会も必要です。

生徒たちにとっての設計上の課題は、**問いをもって問題提起をする**といった知的な筋肉をどのように鍛えればよいかについて理解することです。つまり、**既習の知識を新しい状況に適用する**こと、**自分の考えについて考える**こと、テーマや問いを深く探究するために**創造かつ想像すること**、そして**イノベーティブ**（七ページの注を参照）であることです。

授業において生徒が自立的に学ぶためには、教師が**思考の習慣**を明確に紹介し、知的な筋肉の使い方について生徒をサポートする必要があります。それには、**思考の習慣**を身につけるための多様な方法を提供することが重要となります。

マンチェスター公立学校における「学習デザインの時間」

思考の習慣を使った「個別化された学び」について、幸運にも私たちは、コネチカット州のマンチェスター教育委員会のパートナーとして研究する機会がありました。現在、この教育委員会では、「学習デザインの時間」[9]と呼ばれる取り組みを行っています。その取り組みの一環として、高校で生徒主導のプロジェクトを推進しはじめました。

生徒たちには一週間に一単位の試験的なセミナーが開講され、そこでは、教師のサポートを受けながらプロジェクトのデザインができます。既存の授業計画も、決められた授業時間も、確立した成績評価や通知のための決まりがないにもかかわらず、そのこと自体にワクワクしながら、約六〇人の生徒たちと三〇人の教師がこの未知の世界に飛びこむことを志願したのです。次ページの**表３－５**は、生徒と教師がこの機会から何を得ようとしていたかを示したものです。

私たち著者のうちの一人がこの新しい試みにファシリテーターとして参加し、教師や生徒とと

（9）　九九ページの「才能を磨く時間」と同じで、『教育のプロがすすめるイノベーション』の一一七ページと一三四～五ページ、および『あなたの授業が子どもと世界を変える』ではこのアプローチを紹介していますし、『一人ひとりを大切にする学校』は、この発想を学校づくりと運営に活用した本だと言えます。

表3－5　「事前に設計されていない学習デザインの時間」に対して生徒と教師が期待していたこと

生徒が期待していたこと	教師が期待していたこと
・普段の授業ではできないような、アイディアを探究し、共有ができること。 ・ほかの人とコミュニケーションをもっと気兼ねなくとれること。 ・教師に「そうすべきだ」と言われたことではなく、自分がやりたいことについて学ぶこと。 ・教師と一対一で話すこと。 ・自分にとって新しい考えや得意な部分をいかすこと。 ・人の役に立ったり、人とつながったりするための新しい方法を見つけること。 ・好きなことに挑戦すること。 ・自分のやりたいことを見つけるのに役立ちそうな、専門性の高い経験を実際に体感すること。	・多様な考えをもつ生徒と協力しあうこと。 ・相談相手として、また生徒が前に進めるように貢献すること。 ・生徒とより個人的なつながりをもつこと。 ・生徒の学習意欲を高めるために、授業で活用できるようなアイディアが得られる体験をすること。 ・生徒の学習経験を完全に指示したり、統制したりすることから離れ、生徒がやりたいことを設計・再設計する際に相談役となること。 ・教師の伝統的な「知識の番人」としての役割以外の立場で、生徒とつながる方法を模索すること。

もに取り組みました。このセミナーをはじめた当初は担当教師にとっても未知の領域であったため、うまくいくかどうか、少し不安そうな感じがしました。

衝動的な言動をコントロールし、アドバイスをする前に、まず**理解と共感をもって聴く**ことからはじめてもらいました。教師にとって難しかったのは、具体的な指示を与えることなく、生徒が探究・アイディアの創出に自ら取り組んでいく様子を認めることでした。

つまり、この転換は、教師が聞き役に徹し、生徒は話し手に徹する、ということでした。

生徒にも、もちろん緊張感が漂っていました。彼らにとって難しかったのは、まだ生まれたばかりの段階にある、はっきりとしていない夢や願望を表現することでした。ある生徒は、数年前に書きはじめた小説を完成させたいと思っていました。また、サーカスで使われる竹馬をデザインしてみたいという生徒もいました。

生徒たちは、これまでのプロジェクトでぶつかった壁について話すとき、「継続することが難しい」、「参加しないメンバーがいるグループでの作業」、「インスピレーションを徐々に失う」、「時間とのバランス」、「途中でやりたかったことが変わってしまう場合がある」などと指摘していました。

次に、「気持ちが態度に表れてしまっている状態を感じたことはありますか?」という質問をしました。それに対して生徒たちは、ポジティブな態度とネガティブな態度について説明したほか、ボディー・ランゲージの重要性についても言及していました。それに対して私たちは、**思考の習慣**という考え方について紹介し、この「態度」は、生徒がコントロールできる習慣とも言えると説明しました。たとえば、**創造かつ想像し、イノベーションを起こす**とき、あるいは**既習の知識を新しい状況に適用する**とき、彼らは学び手としての自分自身について表現していると言えます。それは、ボディー・ランゲージやほかの人とのかかわり方、そして学校を超えた世界とのかかわり方に表れます(10)。

さらに、**理解と共感をもって聴く**方法の練習に焦点を移しました。三人のグループ（生徒二人、教師一人）に分かれ、教師ともう一人の生徒が話を聞いている間、それぞれの生徒が「自分のプロジェクトについて考えているとき、私はこう思っている」という形式に従って、言葉にして表現することが求められました。じっくりと話を聴いてもらうということが何を意味するのかについては生徒たちに伝えていましたが、生徒たちのコメントからも、この新しいアプローチに対するエネルギーが伝わってきました。

「変な気分でした。たぶん私は、自分のアイディアについてあれだけ話すということにそもそも慣れていません」

「普段の学校では、先生たちは私について何も分かっていないようにいつも感じています。私は、たくさんいる生徒の一人にすぎません。先生たちは、私たちそれぞれにアイディアがあるとは思っていないような気がしています。しかし、この授業では、本当に先生が私の話や考えに耳を傾けてくれていると感じられました」

「私は、とても慎重に言葉を選んでいる自分に気づきました。自分が理解されているということに確信を得たかったんだと思います」

「話しているなかで、かなり細かく伝えようとしている自分に気づきました。本当はもっと表面的なレベルに留めておこうと思っていたのですが、話しているうちに、自分の話していたことについて、より深く考える必要があったと分かってきました」
「私は（放課後）家に帰ったら誰とも話しません。自分の部屋に行って、メッセージのやり取りをするだけです。というのは、私の話を聞いてくれる人がいないからです。学校では静かにしています。そのため、今回の授業は、私にとってまったく違った経験となりました」

これらの言葉から、教師と生徒の役割が変化すること、つまり新しいパートナーシップにおける初期段階においては、「違和感」のある経験になるかもしれないということが分かります。

アヴェソン・チャーター・スクールの「よい質問」

このような活動には、これまでとは異なるエネルギーが存在します。それは、探究と深い学びにおいて、生徒により高いレベルのオウナーシップ（二三ページの注を参照）を提供します。カリフォルニア州アルタデナにあるアヴェソン・チャーター・スクールでは、生徒主体の学習体験を必修にしています。

(10)　協力者から、「この表現が素晴らしいと思います。『将来のために今身につけなさい』という押しつけがましいところのないのがいい！　子どもは学校を超えた世界をもっているし、自ら学んでかかわっていけばいいのに、管理したがる教師の多いことといったら……という感じがしました」というコメントが届きました。

表3－6　問いの段階を表すルーブリック

はじめたばかり	できるようになりつつある	上手にできている	洗練されている
問いが立てられる。	サポートがあれば、理科もしくは社会科に関する問いが立てられる。	少しのサポートがあれば、理科もしくは社会に関する開かれた問い(注1)が立てられる。	実社会でも使われるような、考えが刺激される（ワクワクするような）開かれた問いを自分自身で立てられる。
探究のための問いには、その骨組みとなるような言葉が盛りこまれている。	探究のための問いには、探究の骨組みとなるような言葉が盛りこまれているだけでなく、新たなチャレンジがある。	探究のための問いには、探究の骨組みとなるような言葉が盛りこまれているだけでなく、実在する社会や人々がかかわり、新たなチャレンジがある。	探究のための問いには、探究の骨組みとなるような言葉が盛りこまれているだけでなく、実在する社会や人々がかかわり、新たなチャレンジがあり、発表の対象があらかじめ想定されている。
探究のための問いは理科や歴史（社会科）に関するもので、あらかじめ答えが決まっている。	哲学的／論争的、タスク中心／役割中心、主観的評価中心／客観的評価中心(注2)のどちらのタイプの問いなのかを判断する手助けを必要としている。	哲学的／論争的、タスク中心／役割中心、主観的評価中心／客観的評価中心のいずれのタイプの問いなのかを判断する方法について理解している。	一人で、哲学的／論争的、タスク中心／役割中心、主観的評価中心／客観的評価中心のどのタイプの問いなのかが判断できる。

（出典）カリフォルニア州アルタデナ、アヴェソン・チャーター・スクールの許可を得て掲載しています。

（注1）「閉じた問い」は、「はい」、「いいえ」で答えが済んでしまうような質問、ほんの数語で返答ができる問いかけのことです。一方、「開かれた問い」は、「はい」、「いいえ」や数語だけの返答では答えられない問いを指します。

（注2）これら三つの対比については**表3－7**を参照してください。

表3－7　3種類の問いのための質問

主観的評価中心／客観的評価中心の質問

情報やデータを評価または分析することによって、何かを証明または主張しようとしているときにはこれらの質問で導きます。

・よい＿＿＿＿をつくるには何が必要ですか？
・＿＿＿＿を成功させるために必要なものは何ですか？
・＿＿＿＿をするための最良の方法は何ですか？
・＿＿＿＿は＿＿＿＿に影響を与えますか？
・＿＿＿＿には、どのような利点と欠点がありますか？
・もし＿＿＿＿があるとしたら、その結果、何が起こりますか？
・いくつの異なる＿＿＿＿がありますか？
・＿＿＿＿は、＿＿＿＿にどのような影響を与えましたか？

哲学的／論争的な（知識を確認するための）質問

複雑な課題について事実を組み合わせながら考えようとするときには、これらの質問で導きます。

・＿＿＿＿は、本当に重要だと言えますか？　それはなぜですか？
・＿＿＿＿がなかったら、＿＿＿＿はどうなっていたと考えられますか？
・＿＿＿＿は、＿＿＿＿に影響を与えた可能性がありますか？
・＿＿＿＿と＿＿＿＿は、どのような点で異なりますか？
・＿＿＿＿と＿＿＿＿の間には、どのような関係がありますか？

タスク中心／役割中心の（具体的な行動を示す）質問

問題や対立を解決する役割をするとき、またはプロジェクトを完了しようとするときには、これらの質問で導きます。

・＿＿＿＿の役割にある私が望ましい結果を達成するためには、何をする必要がありますか？
・もし、私が＿＿＿＿を達成できたら、次に必要な行動は何ですか？　＿＿＿＿にも取り組む必要がありますか？
・＿＿＿＿を行うことで、どのような結果がもたらされますか？それは＿＿＿＿の結果を変えることにつながりますか？

（出典）カリフォルニア州アルタデナ、アヴェソン・チャーター・スクールの許可を得て掲載しています。

九六ページに示した**表3－6**は、アヴェソン・チャーター・スクールが作成したもので、探究における問いを発展させていくことに焦点を当てたルーブリックです。そして、アドバイスをする教師は、**表3－7**に示すような質問を使って生徒を導きながら支援し、フィードバックを伝え、さらに探究を深めていくための行動に関するステップを生徒とともに考えていきます。

推奨することと懸念されること

本章を終えるにあたり、私たちは「個別化された学び」を理解しようとし、生徒にとって最善となることを目指して努力する一方で、多くの教師が実践をためらうときにする質問の例（「（おっしゃるとおりですが）しかし……」）を紹介します。

彼らは、多くの習慣、もしくは日々のルーティーンになってしまっていることが明らかになってしまうので、当然のことながら慎重になります。指導上の新しいチャレンジは、誰にとっても怖れを感じるものなのです。

質問　しかし、実際にはどのように「個別化された学び」を構成していけばよいのでしょうか？

このような探究を進めていく方法の一つが「才能を磨く時間（Geneous Hour）」を設けること

です。「才能を磨く時間」（あるいは、九一ページの「学習デザインの時間」・訳者補記）とは、大抵一週間に一度くらいの頻度で設けられ、生徒が自由にアイディアを追究したり、何かの専門家になったりする時間のことです。

この時間を使って、生徒はアイディアを練りあげたり、振り返りをしたり、教師や友人からのフィードバックやガイダンスを求めたりしています。よくある授業の展開では、生徒は年度末にその成果を発表します。最終発表では、自分たちが何に取り組んだのか、なぜそれが重要だと言えるのか、また誰にとってどのように重要なのかなどについて振り返ります。

「才能を磨く時間」は、通常、全体的な結果を評価することよりも、それぞれの心構えを向上させることに焦点を当てています。たとえば、生徒は、不確実なことに直面したときに**粘り強く取り組む**方法を身につけたり、新しいアイディアに取り組むときに**責任あるリスクを取る**ことを学んだり、**驚きと不思議に思う気持ちをもって**お互いの作品を見せあうときにその心構えを共有しあいます[11]。

二つ目として、より一般的だと思われる例を紹介します。これは、学年末または進級直前（八年生または一二年生など）の学校生活の最後に、生徒が興味ある分野を追究する集大成プロジェクト、または締めくくりとなるような経験として設けられた探究の時間となります。

それぞれの生徒は、教科内ないし教科横断的な取り組みとして、スキルと心構えを応用するためのアイディアを考えます。これらの「締めくくりの体験」は、通常、問いについて探究していくことを軸としながら、公の場でのプレゼンテーション、パフォーマンス、またはプロジェクトに集約されるものとして設計します。

このような機会がもつ本当の意味は、生徒が探究の機会を非日常的な体験としてではなく、「学校で日常的に行っていることの延長線にあるもの」として認識するようになることです。なぜそのテーマが重要なのか、なぜそのテーマに意味があると言えるのか、そしてほかの学習体験に、この学びを通して獲得した**思考の習慣**がどのようにいかされるのかについて説明が求められるからです。それは、**思考の習慣**を実践に結びつけていくための状況を提供することになります(12)。

質問　しかし、どのように「個別化された学び」を教えたらよいのでしょうか？

テリー・ハイク（Terry Heick）は、教師向けに探究学習の四つの段階に関する素晴らしいガイドを作成しています［参考文献16］。このガイドは、私たちがここで説明している探究・アイディアの創出と非常に親和性があります。このガイドの簡易版を**表3－8**として紹介します(13)。

質問　しかし、「個別化された学び」のための時間と、授業で教えなければならないとされていることを教えるための時間をどのようにして確保するのですか？

多くの教師は、時間管理との兼ねあいを克服していくために、小さなことからはじめています。たとえば、私たちが知っているある高校教師は、毎週金曜日を「プロジェクト学習の日」としていました。彼は、金曜日に生徒がメディア・ラボ[14]を利用して、さらなる探究ができるようにカリキュラムを設計しました。

(11)　この部分を読んだ協力者から、「日本の教育は、教科の標準時数や教科書として学ばなくてはならないコンテンツで時間が埋め尽くされていて（いわゆるカリキュラム・オーバーロードです）、探究に割けるだけの余裕がないのが現状です。ここまで魅力的な実践事例が多く並んでいますし、それは日本の教師たちにとってもワクワクするものだと思います。総合的な学習の時間をここに当てられれば面白いのですが、この時間自体も学校ごとにコンテンツ化されているケースが大半で、一教員に権限が与えられていないのが現状かもしれません」というコメントが届きました。こうした難しさを超えて実践するために、「才能を磨く時間」について詳しく取り上げた本として、『あなたの授業が子どもと世界を変える』と『教育のプロがすすめるイノベーション』がありますので参考にしてください。

(12)　この方法は、「エキシビション」ないし「graduation by exhibition（エキシビションによる卒業審査）」と言い、テストよりもはるかによい評価方法と捉えられています。詳しくは、『一人ひとりを大切にする学校』（とくに第8章）と『シンプルな方法で学校は変わる』（一七二～一七五ページ）を参照してください。

(13)　ガイドの全文は、https://www.teachthought.com/pedagogy/phases-inquiry-learning/ を参照してください。なお、この四つの段階は、本書の第2章で紹介されている「七つの重要な要素」の最初の二つとは関連していますが、残りの五つはほぼ扱っていないため、実際に教える際にはそれら（第4～6章）をしっかり押さえる必要があります。

③**疑問をもつ段階**——生徒は、知識や理解を深めることに焦点を当てています。そのためには、継続的な問いが与えられることと、**問題を自ら提起する力、忍耐力、そして柔軟な思考**が求められます。

生徒への指針　好奇心をもち、明確な問いをもつことを意識しましょう。自らの思考や行動をコントロールしましょう。探究全体を見渡した思考をもつこと、それをそれぞれの段階や場面でいかすことに取り組んでみましょう。

教師への指針　問いをもち続けることを模範として示しましょう。あえて声に出して、無関係な問いやそのほかの欠陥のある問いを修正して示しましょう。思考を分析するためのコンセプト・マップ（概念図）のツールをモデルとして使用してみましょう。質問づくりのセッションやソクラテス・セミナーのセッション(注)の時間を設けましょう。

④**デザインの段階**——生徒は、自分の設定した課題、アイディア、またはテーマに基づいた研究結果を、対象となる人々に対して共有します。

生徒への指針　思考を明確にしましょう。自ら進んで行動しましょう。不確実でありながらも効果的な探究を目指しましょう。また、自らの好奇心に従うことが大切です。

教師への指針　協働していくための条件と手段を提供しましょう。（網羅的に改善点を指摘するのではなく）修正すべき領域を絞って提供しましょう。プロセス全体を振り返る（つまり、どのようにしてここまでたどり着いたのかなど）ができるように支援しましょう。

（出典）［参考文献16］の許可を得て掲載しています。

（注）「質問づくり」と「ソクラテス・セミナー」で検索すると多数の情報が得られます。

表3－8　ハイクの探究学習の四つの段階

①相互作用の段階――生徒は、（学習材、クラスメイト、専門家、メディアを活用しながら）何かを解明したり、意味を理解したりすることを望んでおり、厳密な可能性の限界やタイムスケジュールは気にしていません。

生徒への指針　さまざまなメディアに積極的に目を通し、好奇心に従って、メディアの著者に対して感謝の気持ちをもって反応しましょう。好奇心や自分なりに理解した有用性に基づいて特定のメディアにじっくりと向きあい、さらなるアイディアやリソースを求めてクラスメイトを活用しましょう。

教師への指針　自らが模範となって好奇心を示し、さまざまなメディアを扱う際に思考をあえて声に出して示し、探究的な質問をしましょう。また、生徒に対して成績評価を想起させるような発言は控え、手本となるように行動で示し、生徒の**思考の習慣**を観察し、奨励しましょう。

②明確化の段階――生徒は、情報を分析してパターンを見つけ出し、誤解について見極めます。また、選択した探究テーマの規模、性質、および可能性を「感覚的に理解」して、自分の考えを明確にしていく必要があります。

生徒への指針　理解したことを身近な言葉で言い換えてみましょう。また、答えや解決策を探すことにはあえて抵抗しましょう。そして、事実と意見を区別し、情報源の信頼性と妥当性を評価することが大切です。物事がもつ可能性に着目しましょう。

教師への指針　フィードバックは頻繁に、ただし評価的ではないものを与えましょう。生徒の思考を表現するのに適切な、グラフィック・オーガナイザーをはじめとする思考を見える化するためのツールを提供しましょう。生徒の思考、つまり何を知っているのか、なぜそれを知っていると思うのかなどに焦点を当てた質問をしましょう。

次第に生徒たちはプロジェクトに興味をもつようになったので、彼は教室での授業時間を再編成するための方法を捻出することにしました。時間を捻出するといっても、「時間を増やす方法を見つける」ことではありません。それは、教師であるあなたと生徒の時間の使い方を変えるということを意味します。

ここで、ＩＣＴが重要な役割を果たすことになります。たとえば、教師が「授業で学ぶことのリスト」を作成し、生徒はそれを使って自分のペースでカリキュラムの重要なポイントの確認ができます。具体的には、教室をセミナースペースとワークスペースなどで区切り、スペースごとに特定の種類の学習を想定して設計します。つまり、セミナースペースでは教師が少人数の生徒とともに丁寧に進めていき、ワークスペースでは生徒がそれぞれの探究のためにプロトタイプやモデルを開発していくわけです。

また、生徒が一人で静かに集中して学習できる「隠れ家」のようなスペースも設けます。各スペースに名前を付ければ、そのスペースで期待される行動が明確になるほか、忘れることがなくなるでしょう。

このような実践のなかで、それぞれの生徒にとって効果的な学習管理計画が立てられ、取り組みにおいて必要とされる時間の確保が可能となります[15]。

まとめ

生徒たちは、「個別化された学び」を体験することで大きな学びを得ます。彼らは、協働してつくりあげるといったリアルな学習に対しては意欲的に取り組みます。また、世界がどのように動いているのかについて好奇心をもっていますので、機会さえ与えられれば、自らの問いに答えるために深い探究を進めていきます。

生徒たちは、テクノロジーによって、さまざまな情報に簡単にアクセスできる世界で育っています。これによって、彼らは短期的な目標だけでなく、長期的な人生の目標に到達するための学びの場をいつでも手に入れることが可能となりました。

---

(14)　大きなディスプレイで利用できるパソコンが並ぶような部屋のことを指しています。たとえば、現在日本でもGIGAスクール構想によって一人一台のタブレット端末などが用意されていますが、それだけでは足りないような、もっと複雑な作業や検索ができるように設定された部屋だとイメージしてください。従来の「パソコンルーム」が発展した形と捉えるとよいでしょう。

(15)　プロジェクト学習や「才能を磨く時間」などのための時間の捻出方法とスペースの設定については、『「おさるのジョージ」を教室で実現』と『一斉授業をハックする』を参照してください。

このような長期的な目標に関連する能力をより明確にすれば、自分が何を知っていて、それを理解していったプロセスも上手に表現できるようになるでしょう。そして、それは、最終的には私たち大人が聞き役に徹しられるかどうかにかかってきます。そうなれば、生徒が自ら問いを立てて新たな知識を創造していくようになる機会が奨励できるからです。

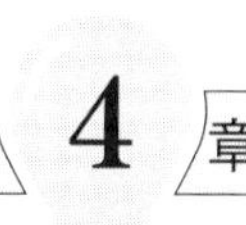

第4章 生徒が分かったことやできるようになったことを発表する
——学習課題、発表の対象、評価、学習パフォーマンスの蓄積について

生徒は、自分が主体となって取り組む側に回り、自分自身で学びを組み立てることによって深い学びを体験する可能性が格段に高まります。また、学習活動の目的に順応すればするほど授業という枠組みは薄れ、そこは、適切なスキルを伸ばす実践の場、想像と創造が可能な場へと変貌します。このような状態は、教師がこれまで慣れ親しんできたカリキュラムと評価方法を手放し、生徒をパートナーと見なしたときに初めて可能となります(1)。

私たち教師の長期目標が、生徒を自立した学び手、思慮深い問題解決者、クリティカルで創造

(1)　本章のここまでの部分が、『イン・ザ・ミドル』と『一人ひとりを大切にする学校』（前者は授業レベル、後者は学校レベル）でとても分かりやすく書かれていますので、ぜひご一読を。

的な思考の持ち主、共感的に傾聴できる人に育てることならば、これらのコンピテンシーを育み評価するにあたって、**声、共創、他者との共同構築、自己発見**について生徒が意識できるものにする必要があるでしょう。

本章では、ゴールを念頭に置いて「個別化された学び」をデザインするにあたり、教師と生徒が一緒になって以下のことを考えていきます。

学習課題と発表の対象——生徒が課題を明らかにし、もっともふさわしい発表の対象を決定する方法。

評価——大切な自己評価を含む評価方法。

学習パフォーマンスの蓄積——生徒が何時間もかけた活動の蓄積を、自分自身でどのように確認し、実演するのか、また自分が学び手としてどういう状態であるのか、もっとも興味を惹かれていることが何かといったことをまとめる方法。

これらについて以下で見ていきましょう。

表4－1　学習課題と発表の対象と関連する思考の習慣

キーポイント	生徒と教師の役割	関連する思考の習慣
学習課題と発表の対象 どうすれば発表の対象（視聴者）が、生徒の創造性やコミュニケーションに貢献できるのか？	**生徒**――リアルな対象を想定し、それに向きあうことで課題を設定し、試行錯誤し、さらに改善する。 **教師**――その課題についてふさわしい対象を設定するよう促し、活動がより印象的になるように、発表に向けてのガイドをする。	・理解と共感をもって聴く。 ・正確さと精度にこだわる。 ・明確に考え、正確に伝える。 ・互いに協力しあう関係で考える。 ・自分の考えについて考える（メタ認知）。 ・責任あるリスクを取る。

学習課題と発表の対象

授業づくりにあたって生徒に参画してもらいましょう。

「学習課題と発表の対象」を考えるとき、生徒と教師には三種類の方法とパフォーマンスの場面があります。それは、生徒が①参加者、②共同制作者（共創者）、③主体者になることです。

次ページの**図4－1**をご覧ください。三つの役割は重なりあっており、生徒は自分のニーズ、所要時間、目標設定に応じて、この三つの間を行き来してもかまいません。いかなるアプローチにも長所があるわけですが、その一方で、いくつかの注意点があることを念頭に置いてください。

図4－1　生徒の参加とパフォーマンスの場面

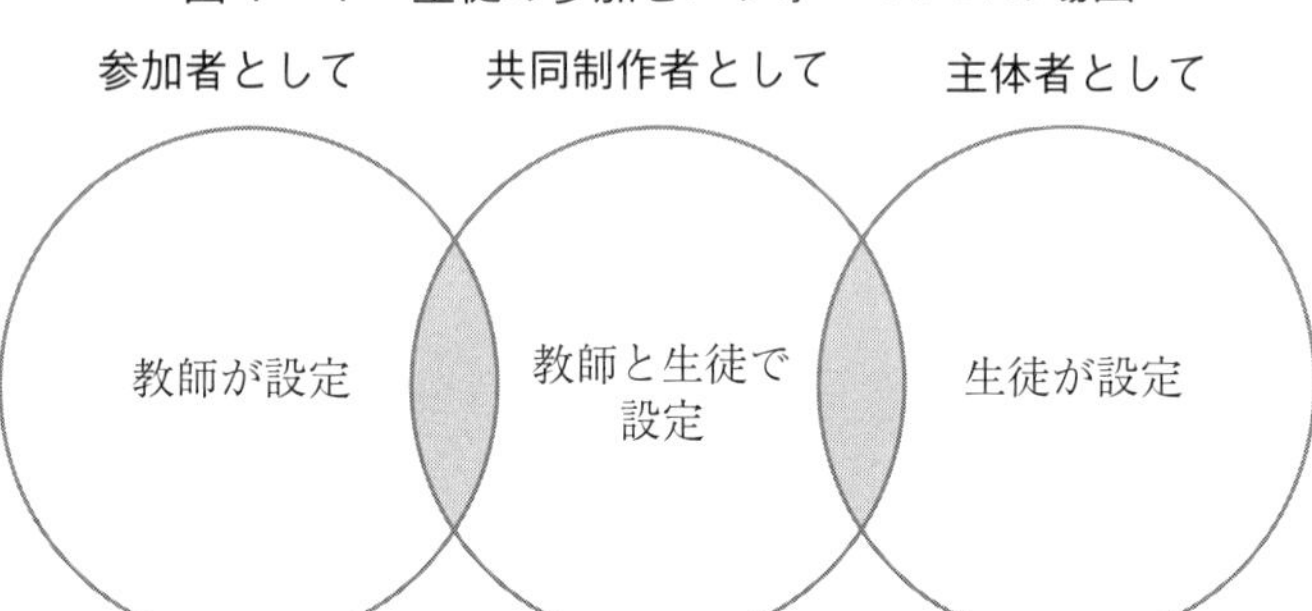

①生徒が参加者となる場合

教師が提示したテーマ、文章、課題から選ぶ場面があります。たとえば次のようなものです。

・複数のテーマのリストから一つを選んで調査する。
・あるテーマにかかわるいくつかの本や文章から一つを選んで読む。
・再考が必要ないくつかの目的から一つを選ぶ。
・意見の分かれる問題に対して「賛成」か「反対」の立場に立ち、説得力のある主張をする。

長所——教師は、特定のユニット（単元）や学年レベル、生徒の興味関心の実態にあわせて課題を設定することができます。選択をしたとしても、生徒にとっては何をしたらいいか分からないという状況が避けられるような構成になっていますので、安心して学習を進められます。

注意点――「個別化された学び」を実現するためには、極めて大きな教師の労力が必要となります。ほんのひと握りの選択肢をつくるだけでも、生徒にかかわりがあって、意味のあるアイディアを探し求めるのに膨大な時間がかかります。また、教師が二つか三つしか選択肢を示さなかったために、生徒たちは自分にあった選択ができないこともあります。

②生徒が共同制作者（共創者）となる場合

教師があらかじめ設定した範囲のなかで、生徒は課題設定の工夫ができます。たとえば、次のような感じです。

・特定のジャンルについて作文を書き、それに対する理解を表現する。
・アメリカに存在する所得分配の不均衡をもとに、地域、国または世界の問題を調査する。
・文化の探究をテーマにして旅行計画を立てる。

長所――生徒と教師が課題設定の責任を共有するため、教師はカリキュラム上の中身と同時に生徒の能力や興味関心に目を配りながら、幅広い問題、困難やアイディア、ジャンルが絞れます。広く、合意に基づいた指針があるので、授業内容のなかから生徒自身にとってもっともかかわりが深く、重要で、意義深いと感じたものについて追究ができます。

注意点——教師は生徒と一対一で相談して、その生徒の学習計画と工程表をつくる必要がありま す。課題達成の段階やその進捗状況をチェックし、適切なサポートをしなくてはいけません。どうしたらいいか分からなくなった生徒が、教師にアイディアを求めてくるかもしれません。そうなると、生徒の役割は①の参加者のほうに移行します(**図4-1**参照)[2]。ただ、一つの教室内で多様な課題に取り組んでいますから、直接的な手本がなくても生徒は活動のアイディアが得られると思います。

③生徒が主体者となる場合

この場合、生徒は自分の評価基準に従って自分なりに課題を組み立てるようになります。その基準は、外部のもの(何らかの機構やコンテストの基準、業界標準〔七三ページの注を参照〕)でも、学校内部のもの(学校目標や教師の期待)でもかまいません。たとえば、次のようになるでしょう。

・サイエンス・フェア(四七ページを参照)に向けて実験を行い、記録する。
・一年を通して、(週に一～二時間の)「才能を磨く時間」に取り組む。生徒は、どんなアイディアを探究しても、作文を書いても、コミュニティーのなかで活動してもかまわない。
・五年生、八年生、一二年生の終わりに「最高の(卒業)体験」を計画する。

・作文コンテストに向けてショート・ストーリーを書く。
・オープン・マイク(3)に向けて、独自の語りを準備する。

長所――教師は生徒の探究、熟慮、創造を励ますために、生徒自身が設定した評価基準を活用できます。生徒は自分にかかわりのある問題を追究したり、アイディアが出せます。また、自分が立てた評価基準を満たすために、目指すレベルに至るまで意欲的に活動します。自分が目指すレベルのものをつくるという動機がなければ活動にはなりません。

注意点――目標設定や計画、締め切りなど、必要となる事柄を見直すために、学習計画について相談する生徒と教師の時間を十分に確保しなくてはいけません。ただ、教師の頻繁な確認は、ある生徒にとっては必要でしょうが、そうでない生徒には煩わしいものになるでしょう。

---

(2)　協力者から、「本当にそのとおりで、ここで教師が役割を変化させるか、互いに協力しあう関係で次へと向かえるかという教師の判断・力量が問われる。大きな転換点となる」というコメントが届きました。教師が自分の立ち位置を考えるというのが、この本の大きなテーマとなっています。

(3)　もともとは飲食店や上演ステージがあるような店の文化で、店のマイクを客が使って歌ったり、何か芸を披露したり、飛び入りで上演に参加する営業形態のことを指します。それを活用して、通常は校内放送などに使用するマイクを生徒に手渡して、自由に話したり、歌ったりすることを指します。

この手の活動に慣れていない生徒にとっては、今一つ乗り切れないでしょう。そうした生徒は普段から教師の明確な指示のもとで学習することに慣れていますから、こうした学習は、「自由度が高い」というよりは「どうしたらいいか分からない」と感じるかもしれません。

新しい人間関係と、そこでの新しい責任

ここに示した三つの学習の型と発表場面のすべてにおいて生徒の立ち位置ははっきりと示されているほか、学び手として尊重されています。しかし、教師と生徒は、この新たな協働関係のなかで自分のやり方を貫きたいという衝動に駆られることもあります。

教師としては、生徒が自らの強みや才能に気づくようにし、そこを土台とした関係を結びたいところです。そんなときは、自分の経験や**こだわり**によって生徒の参加を拒むことがないよう気をつけてください。教師の権威を中心に据えて学級をつくるのではなく、生徒と**互いに協力しあう関係を築く**という心構えでいてください。

一方、生徒にとっては、従来のカリキュラムがお決まりというお題目の状態から、交渉の余地のあるものに変わりました。そのため、生徒が意図的に追究したい領域を選ぶにあたっては、自らの興味関心と問いを明確にする方法を学んでいかなくてはいけません。

なお生徒には、与えられた課題や発表企画を考えるなかで、何が問題なのかを一生懸命話し合

うことが求められます。もちろん、そうした話し合いは個人が何となく思い描いたレベルからはじまるものですが、学習成果物や指定されたジャンル（たとえば、理科で使う科学者ジャーナル(4)、一幕の演技、説得のためのスピーチなど）やパフォーマンスについて言えば、試行錯誤や議論を通して思い描くレベルが成長していくものです。

自らが選択し、組み立てる学習の共同制作者（共創者）になっていくと、生徒は行動を決定するために教師やクラスメイトに意見を求めます。進め方はどうあるべきか、対象への発表の仕方はどのように受け止められるのだろうか、といったことを意識します。

どのような課題のスタートにおいても、生徒が**自分の考えについて考える**ことが大切です。普段の活動を考え、そのうえでどこまでこだわるのかと考え、過去の学習活動からやり方を見いだすのです。

こうした試行錯誤と明確にする作業によって、生徒は「学校の授業」と「リアルな仕事」との壁を打破し、両者をより関連づけて考えるようになります(5)。

（4）ジャーナルとは、教師が板書したものを書き写すノートとは異なり、生徒が自ら考えたこと、疑問・質問、感じたことや計画など何でも書き残せるノートのことです。本書の二四三ページも参照してください。

あなたと共創することで生徒を動かしましょう

発表場面を設定する際、最初にすべきことは発表における「目的」、「対象」、「課題」を検討することです。どれを入り口にしてもかまいませんが、いずれにせよこの三つは、生徒と教師がお互いに考え、両者において同意が得られるものにしなくてはいけません。たとえば、一一八ページに示した**図4－2**のような語群（原文では word cloud）をインターネットで探し、生徒が学んだことを発表するための新たな方法を示すとよいでしょう。

図4－2のように、生徒のさまざまな表現方法とチャレンジの機会をぜひリストアップしてみてください。自分の考えを表現する方法のどれをとっても、仕掛けが巧みで、現実に即したものだと感じられるでしょう。ただし、その成否は、テーマとの関連がしっかりしているか、課題となった事柄の理解を特定の型に落としこんで効果的なコミュニケーションを実現するにはどうすればよいか、ということにかかってきます。

たとえば、ある生徒からすれば、ニュースキャスター役をやるのは素敵な機会でしょう。生徒は、やりがいのある課題や挑戦すべき事柄を選択し、存分に探究することができます。さまざまな視点を理解して、報道内容が十分に調査されているか、信頼性があるか、バランスを配慮したものか、といった点を確認します。このような点をクリアすることによって、対象となる視聴者あるいは聴衆の共感を呼び起こすような報道内容が共有できます。

一方、教師によってテーマが割り当てられ、そのテーマについて情報を探したりノートをとったりして最終的に新聞形式に表す、あるいは教師に向けて発表会を行う場合と比較してみてください。前者がパワフルな学びだとしたら、後者は「自己満足」の塊のように思えませんか。

「知識を発表する」といった方法のなかでも、生徒にとって収穫があり、夢中になって**共創**が可能な課題例をいくつか挙げておきましょう。

①コメディー仕立ての表現活動

これは、真剣なテーマ、たとえば人種問題、不法移民、肥満者の増加といった問題に取り組むにあたり、生徒に**ユーモアを有効に活用**させようというものです（冗談が愉快に受け入れられる方法を理解して、複雑な社会問題にジョークを用いる方法や、真面目さと面白さの適度なバラン

（５）　協力者から、次のようなコメントがありました。「そのとおりだと思います。このプロセスを重視して学習できればいいのですが、現場の教師は一定の（教師が事前に想定した）成果物ができないと評価できないと思いこんでいます。まずは、成果物の良し悪しは捨てて、この過程を教師自身も一緒に活動できるような学習を考えたいです。思い切ることができれば、あとは『時間』の捻出です。日本の教員の異常な勤務環境をどうにかしなければいけないと思います」

図4－2に書かれている言葉の一覧

映像作品、模擬裁判、おとぎ話づくり、詩、voki(注1)、コマーシャル、説得のための議論、モデルづくり、ラジオ放送、飛び出す本、フェイスブック、授業、手紙、story map(注2)、ドラマ、ラップ、体験型の演示、スピーチ、イラスト、Podcast(注3)、ストーリーテリング、ヒーローインタビュー(注4)、演示、遊び、用語集、討論、マンガ、再定義、タイムカプセル、自伝、録音、レビュー、プレゼンテーション、雑誌、アニメ、ABC bookづくり(注5)、ファンタジー作品、グラフ、ヴィジュアル化、キルト、ウェビング、Show and Tell(注6)、タイムライン、伝記、広告作品、オブジェ、掲示板、フランネル・ボード(注7)、ゲーム実演、小説化、人形劇、コラージュ、ICTによるプレゼンテーション、壁画、質問、コメディ仕立てのハウツー、ニュース報道、歌、ハンドブック、短い打ち合わせ、研究報告、ダンス、新聞広告のフレーズ、脚本、速報、政策概要(注8)、ジオラマ、写真、地図、絵、ウェブページ、試作品、ポスター、食事会、フローチャート、ディベート、映像、論説、韻文、本のカバー、コント、歴史フィクション、コスチューム、パンフレット、朗読劇、辞書、作文、スクラップブック、エッセイ、旅行ガイド、ボードゲーム、マニュアル、インフォマーシャル(注9)、フォーカス・グループ(注10)、4コママンガ、スポーツキャスター、科学レポート、ミュージカル、メニュー、演技、パネルディスカッション、Eメール、緊急速報、ゲーム、シミュレーション、スカベンジャー・ハント(注11)

(注1) アバターをつくり、それを活用して学習に取り組めるサービスです。https://l-www.voki.com/
(注2) 本や物語の要素を分析する「見える化」ツール。いくつかのテンプレートがあります。https://www.readingrockets.org/strategies/story_maps参照。
(注3) 音声や動画などのデータをネット上に公開する手段の一つです。
(注4) 試合で活躍し、勝利に貢献した選手に対して試合終了後にインタビューが行われていますが、それにならって、歴史上の偉人などにインタビューを行い、その内容をドラマ形式で発表することがあります。
(注5) おそらく、学習した要素について、折句のように頭文字をとって説明する方法です。
(注6) 話し手が実物を聴衆に実際に見せ、それについてスピーチをすることです。
(注7)「フランネル・グラフ」とも呼ばれ、フェルトで平面作品をつくって掲示するものです。もともとはヨーロッパの日曜教会などで使用されていたものですが、このフランネル・ボードをもとにして、日本では「パネルシアター」という児童文化財が開発されました。
(注8) 政策提言を要約したものです。
(注9) 詳細な映像コマーシャルのことです。
(注10) 特定のグループを対象とした調査です。
(注11) (Scavenger hunt) 主催者からリストを提示され、そこにあるアイテムをできるかぎりたくさん集めて時間や得点を競いあいます。「謎解き」、「宝探し」、「がらくた集め」、「借り物競争」と訳されることもあります。

図4－2　多様な発表方法

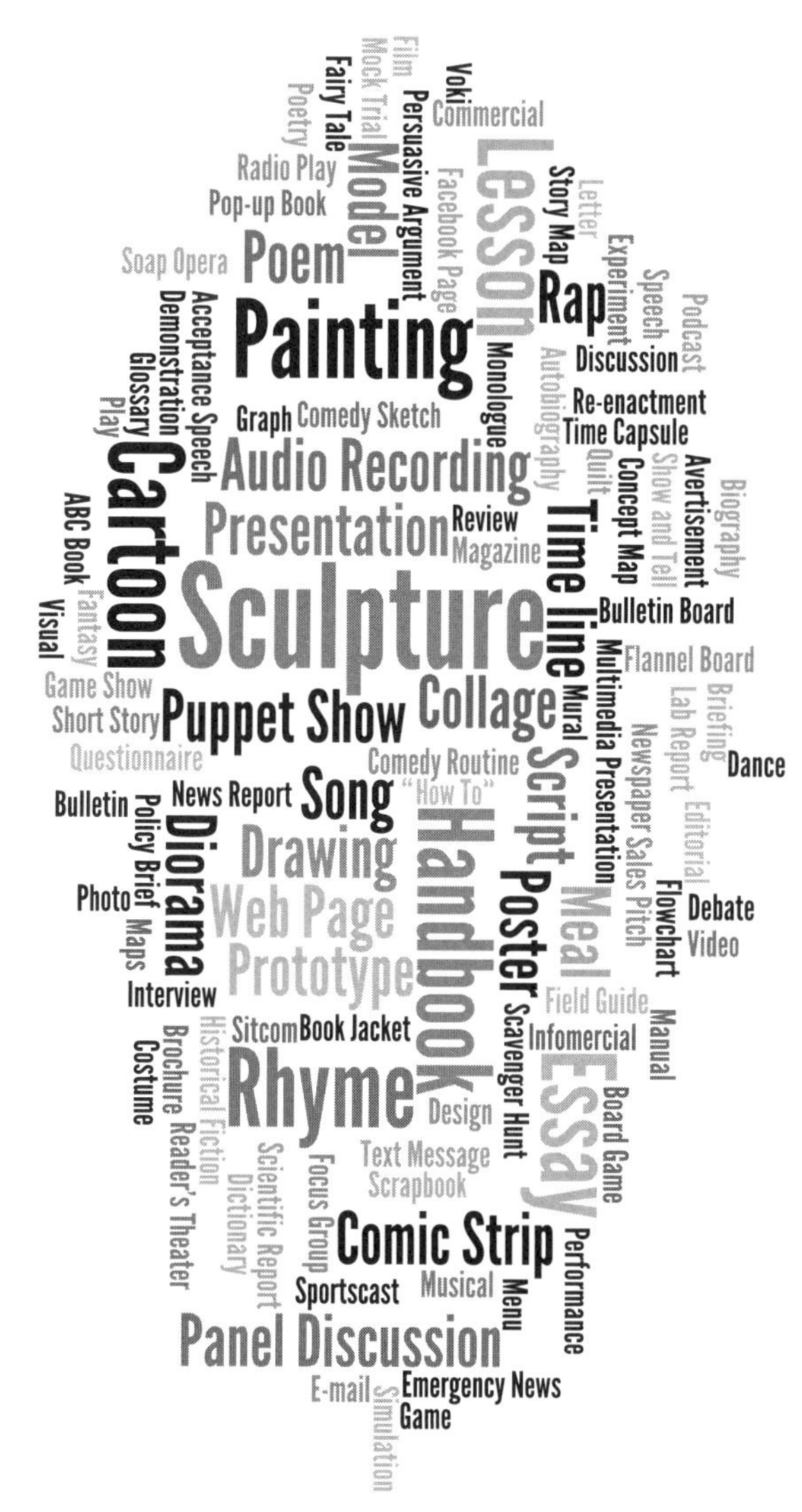
Film
Mock Trial
Fairy Tale
Poetry
Voki
Persuasive Argument
Commercial
Radio Play
Model
Pop-up Book
Facebook Page
Lesson
Story Map
Letter
Soap Opera
Poem
Experiment
Speech
Podcast
Rap
Painting
Acceptance Speech
Demonstration
Glossary
Play
Monologue
Autobiography
Discussion
Re-enactment
Time Capsule
Graph
Comedy Sketch
Audio Recording
Quilt
Concept Map
Show and Tell
Avertisement
Biography
Cartoon
ABC Book
Presentation
Review
Magazine
Time line
Sculpture
Bulletin Board
Visual
Fantasy
Multimedia Presentation
Flannel Board
Game Show
Short Story
Puppet Show
Collage
Mural
Lab Report
Briefing
Newspaper Sales Pitch
Dance
Questionnaire
Comedy Routine
Script
Bulletin
Policy Brief
News Report
Song
"How To"
Editorial
Diorama
Drawing
Handbook
Poster
Meal
Flowchart
Debate
Photo
Maps
Web Page
Video
Prototype
Interview
Field Guide
Manual
Historical Fiction
Sitcom
Book Jacket
Scavenger Hunt
Infomercial
Brochure
Costume
Rhyme
Essay
Board Game
Reader's Theater
Design
Text Message
Scrapbook
Scientific Report
Focus Group
Dictionary
Comic Strip
Performance
Sportscast
Musical
Menu
Panel Discussion
E-mail
Simulation
Emergency News
Game

スについても理解できるようにする必要があります）。

生徒は「お笑い番組」を制作したり、プロの芸人がこの分野をどのように切り開いているのかを分析したりします。この表現活動は、笑いの要素を見いだす（**ユーモアをいかす**）視点に対する理解を深める素晴らしい方法となります。

②オリジナルの映像、マンガ作成

どちらも、題材となった事柄について理解の度合いが分かるほか、ほかの人にその題材について伝えられる方法です。エリック・マルコス先生（中学校の数学教師）が実践しているように、教師が仮想空間で世界中の視聴者を想定し、生徒はそこで数学の授業をつくって公開します。

マルコス先生の生徒が作成した授業動画は何千回も再生されています。それは、内容が有益であり、学び手の助けになっていることを物語るものです[6]。

「コミックライフ」や「ショウミー」、「エデュクリエイション」などのソフト[7]で作成されたもので、生徒が内容理解を発表している例が知りたい場合は、ＩＣＴのスペシャリスト・ブロガーであるジョン・ステファン（John Stevens）先生による生徒の作品例をチェックしてみてください（www.fishing 4tech.com/student-work-samples.html.）。

③タイムカプセル

「タイムカプセルの中身を選ぶ」という表現活動もあります。歴史的・現代的な課題や価値観、発明品などについて、自分たちでモノを決めること、そしてそれを入れる理由を明らかにすることで自分たちなりの意義や理解を表現することができます。タイムカプセルは、実際のもの（箱に詰める）でもバーチャルなもの（短い動画やCGのような作品）でもかまいません。

④バーチャルのブックトーク

「世界に広がる読み聞かせ」（https://theglobalreadaloud.com）[8] のようなプラットフォームをつ

（6）原著ではhttp://mathtrain.tv/category/student-created-videos が紹介されていますが、ここで示されている内容はすぐに見られませんでした。「mathtrain, November」で検索して見られるTEDトーク（https://www.youtube.com/watch?v=ebJHzpEy4bE&t=670s）では、「お互いから学びあうほうがはるかによいことが、生徒たちの実践と研究の結果から明らかだ」と言っています。

（7）「Comic Life」は自分の手持ち画像をマンガ化するアプリ、「Show me」はホワイトボードアプリ、「Educreations」はホワイトボード、授業動画の共有アプリです。

（8）参加者は、自分が読み聞かせをしたい本を選び、年に一度、一〇月上旬から一一月中旬までの六週間にどれくらいの生徒に読み聞かせをしたいかを設定します。インターネットを通じて読み聞かせを行い、自分の目標を達成するという企画です。

くれば、生徒はさまざまな本に対する幅広い視野をもった仲間たちと、年齢およびレベルにあった話し合いができます。生徒には、こうした世界に広がる話し合いが自分たちの読書や理解に与える影響について、振り返りを通して語ってもらいます。[9]

二〇一〇年から、ツイッターやファン・スクールなどを通じて、教室をはるかに超えて五〇万ものやり取りが生まれています。

⑤実演

録画するかどうかは別として、「堆肥のつくり方」や「虫のホテルのつくり方」、「味覚の検査の方法」といったやり方の実演を行うことによって生徒は、実生活でのスキルとその手順、そして誰かに伝えるための方法が習得できます。ここで挙げた例は、アリス・ウォーター先生が行っている「食の校庭」（www.edibleschoolyard.org）という授業のなかでつくられたものです。この特別授業は、「各州共通基礎スタンダード」（五ページを参照）や「次世代理科スタンダード」（四五ページの注を参照）に則ったものです。

⑥同人作品をつくる

プロの作家が書いた小説を用いて、新しいオープニング、エンディング、各シーンを創作するという作文活動は何十年も教室で行われてきました。ネット上で発表することができるようになった現代では、同人誌的な作品が世の中にあふれています。小説のみならず、映画やテレビの脚本などといったジャンルにまでわたっており、著作物をさらに脚色、拡大解釈した無数の作品があります。

同人作品では、新しいストーリー、登場人物、オープニングとエンディングに着目するのはもちろん、倫理観や真理、政治的な視点にまで踏みこめます。自分の体験や出来事を発展させたり、状況に対する登場人物の反応を考えたりして、生徒は物語のスキルを表現します。さらに、そのように語られた体験や出来事からつながるストーリーやエンディングを発表することもできます（これは、国語の各州共通基礎スタンダードに則るものです）。

また、www.fanfiction.net（一三歳以上限定）や各種の作品募集に生徒の作品を投稿することも可能です。たとえば、オクラホマ市のメトロ図書館では、年齢制限なしの作品募集を毎年行っています。こうした同人作品の創作については、www.wikihow.com/Write-a-Fanfiction を参照してください。

（9）キッドブログではじまったサービスは名称を変更しています。go.fan.school でアクセスできます。

⑦アイディアの提示

生徒は、授業内容の理解を実社会に当てはめて考えることや、日々の生活に便利なことを表現します。「Design Squad Global（地球レベルのデザインチーム）」（http://pbskids.org/designsquad/projects）というサイトを覗けば、幼い生徒が想像し、共有し、アイディアをつくっている様子が見られます。煙の探知機と消火装置を内蔵した扇風機、視覚障害者のためのテレビゲーム、迷子探しロボットなど、生徒はさまざまなものを設計しました。

リアルな対象（視聴者／読者）がいるということの効果

カリフォルニア州の高校教師クレイグ・ガスター先生は、発表する際にリアルな対象者がいることによる利点について次のように述べています。

> 私の受けもっている生徒（五二～五六人）のほとんどが、リアルな対象者がいることで自分たちの学び方が変わってくることに気づいています。とくに、対象者がどういう立場の人であるかという「視点」が重要なポイントである、と述べていました。
>
> 立場の異なる二人が、聴衆として、脱水症状にある子どもの看護について聴いていたとしましょう。一人が救急救命士だとしたら、科学的な用語による指導を必要としているかもし

れませんが、もう一人が親の立場だとすれば、そのような用語は無用となります。また、コミュニケーションの方法が、単なる文法、句法の使用スキルに留まるものではない、と気づいた生徒もいました。

生徒には、自分たちの学習内容を組みあわせ、一貫した思考の道筋を組み立てることが求められています。最終的な発表がリアルな対象者を相手にするものだから当然です。学んだことを発表し、視聴者や読者に知識を伝達するという、緊張感のある立場に立たされるわけです。残念ながら、学習課題や発表対象、発表形式の自由度の高さは、一方では不安をかき立てるものとなっています。ある生徒が次のように書いていました。

「私たちは何年にもわたり、ルールや与えられた形式のなかでやることが唯一の成功の道であると教えられてきました。ところが、今は『枠組みの外に出るように』と言われています。ちょっと、どこからはじめたらよいのか分かりません。しかし、こうしたやり方であれば選択肢が増えるでしょうし、自分の分かっていることを示すベストの方法を探ることができると思います」

また、ほかの生徒は、成績が下がることや責任の重さに不安を感じています。いくつかコメントを紹介しましょう。

「先生は、生徒が分かるように活動の仕方をしっかり伝え、示すべきです。そうでなければよい成績がとれません」

「私は、型が決まっている事柄のほうが好きです。先生が何をすべきか伝えてくれるなら、より安心して活動が進められます」

「私はとても優柔不断で困っています」

「ほかの先生方は、何を、どうやるのか教えてくれます。どうしてこの授業では、こんなにも気分の悪いことをしなくてはならないのですか？」


一方、ある生徒は、この活動に意義があることをはっきりと見抜いています。

「もし、先生が最初から最後まですべてのやり方を伝えてしまったら、なぜそれをするのか、何をするのか、ちっとも理解できないでしょう。先生が代わりに考え、やってくれているのですから」


私は、これまでにないくらい真剣に、生徒と**共創**（共同制作）する授業づくりを行っています。つまり、知識とやり方を整理し、クリティカルに考え、学習の意義を見いだして、理解したことを将来の状況に適用できるようにする、ということです。

モデルを示すこと、専門家を探す／活用すること

　生徒が学習課題に一生懸命取り組むためには、モデルを示す必要があります。モデルがあれば生徒は、何を、どのような目的で調べているのかについて考えやすくなります。課題としてよく起こるのは、生徒がある成果発表を目指して調査を進めていたのに、自分たちが選んだやり方では想定した対象者に伝わらないといったことに気づくという現象です。

　たとえば、対立意見を提示したうえで主張するならば、ディベートという手法が真っ先に思いつきます。ところが、調査を進めた結果、生徒は反対意見こそが重要だということに気づきます。そこで、生徒のねらいは反対意見の一つを提示することに転じます。となると、提言や問題解決を推進する情報が満載のウェブサイトを作成するという学習課題に切り替えるといったことが選択肢として挙がってきます。真の目的は広く一般大衆に情報を提供することだと悟り、そのベストと言える手段がインターネットだと気づくでしょう。そして、ウェブサイトデザイナーや、同様の目的でウェブサイトを運営しているＮＰＯ団体にコンタクトを取るかもしれません。

　また、この学習活動が進んでいく際に生ずる、多くの教科・領域にかかわる横断的な性質にも気づいてほしいと思っています。美術教師ならば、おそらくはプレゼンテーションを美しく整える方法が提示できます。体育教師ならば、健康にかかわる課題に専門的な知識をもっているでし

ょう。また、国語教師ならば、説得力ある文章を書く方法について教えられるでしょう。こうした専門家が学校の内外にいるのです。

生徒を共同制作者（共創者）に転換するための提案

まず、単なる学習内容の「押しつけ」には無理があることを心に留めておきましょう。生徒は、習った内容が現在自分の置かれている状況にどのようにかかわっているのか、挑戦しがいがあるのか、自分のものの見方とどのように関連しているのかを知りたいのです。たとえば、活動が過去の歴史にさかのぼるものだとしたら、生徒自身、あるいは所属するコミュニティーや今日の世界の問題点にそれがどのようにかかわっているのかについて考えてみましょう。

授業を計画するにあたっては、初期の段階で、その問題点と生徒に関連する部分を組みこんでみてください。そうすれば、授業内容が、生徒個人あるいはクラス全体に対する押しつけとなっていないかどうかがチェックできます。

①最終的な到達目標に焦点を絞り、活動の段階では生徒をコントロールしすぎないようにする

目的を絞りましょう。つまりは、学習活動でどのようなことを達成したいのか、ということです。そうすることによって、生徒の役割を授業や学習活動の共創者に転換すること、またあなた自身の役割を変えることも容易になります。

何もかも一度にやらねばならない、という考え方では教師は参ってしまいます。考えてみてください。私たちは、生徒を谷底に突き落としておいて、「あとはうまくやってくれ」などとは決して望んでいないはずです。また、教科領域の指導事項を無視して、「やりたいようにやらせよう」とも考えていないはずです。

私たちが行おうとしていることは、本当の意味での学びのプロセスに生徒を招き入れることです。そして、立ち止まって考えるべき問題点、何をつくるのか、誰のためにつくるのか、どうすれば**明確かつ正確に伝えられる**のかといったことを考えるように促し、バランスのとれた学習活動に導くことだと言えるでしょう。

②リアルさこそが大切だと心得る

生徒が発案して追究するリアルな問題、テーマ、アイディアは、調査と深い思考を要するものです。また、そのような発想は、市民、専門家、先見の明がある人などがもっています。リアルに存在する対象者からこそ実りあるフィードバックが得られ、生徒のアイディアや解決策、問題に対する理解についてより良く方向づけてもらえるのです。

③練習こそが大切だと心得る

生徒には、優れた科学者、歴史学者、芸術家、数学者、料理人などになることを意識させましょう。そのためには、リアルな活動に夢中になる機会が常に必要となります。作文指導を専門としているオーリン大学（マサチューセッツ州）のジリアン・エプスタイン（Gillian Epstein）教授は、工学部の学生と協働し、作文を通して自分の人生に対する考えを深めるといった活動をしています。そんな教授が、書き手として生徒を成長させるための要点を二つ教えてくれました。

一つ目は、生活のなかにある「短い」ストーリーについて語るようにと生徒を促すことです（ここで言う「短い」とは一ページ程度です）。そうすれば、「生徒は自分にブレーキをかけずに話題を出すことができ、作文を書く手が止まってしまうこともなく、また書き直しを面倒だと感じることも少なくなる」と述べています。

二つ目は、生徒同士が誘いあって、教室の枠を超えてストーリーを共有することです。たとえば、コミュニティーのなかの高齢者にインタビューを行い、生徒自身の生活のなかから出てきた問題点について、異なる視点からの意見をもらうといったことが考えられます。

ここで言う問題点とは、権力への抵抗、何かについての喪失感、自分の過ち、夢を諦めることなど、一般社会に通じる事柄です。こうした取り組みは、生徒の視野を広げるだけでなく、私たちが住む世界に関連する気づきをもたらし、教室を生き生きとさせるような、ストーリーテリング、質問、共有といった一連の学びにつながります。

評価について——生徒が評価者として参加する

与えられた課題について、しっかりと学びを組み立て、成長するためには、生徒自身がどのように評価されるのかをあらかじめ知っておく必要があります。評価基準や採点基準がはっきりしていれば、生徒の成長はより明確になり、サポートがしやすくなります。(10)

ルーブリックを共同制作する(11)

多くの教師が、「授業計画」、「実践」、「振り返り」という改善のサイクルを回し、ルーブリッ

---

(10)　心憎いほどこれがよくできている実践が『イン・ザ・ミドル』で紹介されていますので、参照してください。

(11)　ルーブリックとは、学習の到達度を評価する際に用いるものです。テストの点数ではなく、活動中の姿や成果物の状況などについて、文章で表記したものを評価基準とするところが特徴です。しかし、その価値は総括的評価として使われるときよりも、生徒がまだ取り組んでいる最中に、さらによくするにはどうしたらよいのか理解できる基準を提供する形成的評価としての側面です。成績に使われるだけで、生徒が改善するための機会が提供されなければ教育効果はほとんど期待できません。

表4－2　評価と関連する思考の習慣

キーポイント	生徒と教師の役割	関連する思考の習慣
評価 評価基準に基づいて、どのように学習活動を評価するのか？	**生徒**　協働して評価基準を作成する。成果物、発表をつくりあげる過程で既存の評価基準を使って自己評価する。 **教師**　生徒と協働して評価基準を作成し、それを見直し、成果物、発表を評価しながら学びを方向づけていく。	・正確さと精度にこだわる。 ・常に学び続ける。 ・五感で情報を収集する。 ・自分の考えについて考える（メタ認知）。 ・驚きと不思議に思う気持ちをもって反応する。

クを作成しています。これは、手間がかかるだけでなく気を遣うプロセスです。それゆえ、生徒にもこのプロセスに参加してもらいましょう。

たとえば、生徒がサイエンス・フェア（四七ページを参照）に参加するとしたら、生徒たちは疑問に感じたことを調査しながら追究する計画を立てると思います。テーマや疑問、仮説、実験の方法などを選ぶにあたり、専門家（教師を含む）にコーチしてもらえば活動を進めるための評価基準は自分たちでつくれます。

もちろん、こうしたプロジェクトには外部への発表機会があることが大切となります。また、自分と調査とのかかわり、すなわち、なぜそれが重要な課題なのか、自分たちにとってどのように重要なのかについて発表対象者に伝えることも大切となります。

ルーブリックを共同制作するにあたっては三つのポイントがあります。発表や成果物の質、ルーブリックの作成者、プロセスと結果に対するオウナーシップ（一二三ページの注を参照）です。

①発表や成果物の質

発表や成果物は、想定していた目的や対象に対してどのくらいのメッセージを伝えられましたか？　結論にはどの程度の新しさがありましたか？　どれくらい問題を解決しましたか？　主張はどれくらい説得力がありましたか？　それとも、大してありませんでしたか？

こうした問いかけによって、最終的な成果を評価すると同時にプロセスにも注目でき、より広い意味での目標が達成できます。

生徒の活動を評価するというのは、教師が成績をつけやすくするために、生徒にチェックリストやルーブリックに基づいて自己評価させることではありません。評価とは生徒からの有用なフィードバックであり、それは、振り返りの際における生徒の反応や記述内容、カンファランスの場面などから見えてきます。

よって、学習活動の質に対する評価も、もはや教師の一存で判断されるようなものではありません。生徒もまた、自分なりの評価基準をもっているからです。深い思考を振り返る活動場面では、生徒は単なる評価基準に照らしあわせるだけでなく、自らの思考の細部、考えたことの意味合い、そして考え方のアプローチといったさまざまな方法にも注意を払うようになるでしょう。そうすれば、自分の成果物や発表を見直すことができます。

「これはうまく解決できたか？　自分がつくったものは、自分にとって意義があったのか？　ほかの人も意義を感じられるものだったのか？」

さらに生徒は、自分の知識やスキルの向上を知りたいものです。

「何週間、何か月か前では思いもよらなかったテーマや疑問、問題点に対して、何を知ることができたのだろうか？　特定のアプローチや手順に注目して、やってみたことで、全体的な結果にどのような効果があったのだろうか？」

また生徒は、自分が行ったこと（プロセス）とその結果（発表）を認め、たたえたいものです。

「自分は、この問題をどのように乗り越えたのか？」

発表活動に伴う事柄についての振り返りを書くことで、学習の成果はより確実なものとなります。自分が何をしたのか、どのようにしたのかを振り返ること――これこそが、生徒が一生懸命学習活動に取り組み、フィードバックから学び、自分たちの見通しを信じて行ったことを証明するからです。

②ルーブリックの制作資格

教師は、評価基準やスタンダード（五ページを参照）に基づく学習内容を生徒が身につけられるようにするために、ルーブリックやチェックリスト、そのほかの評価方法をつくることに膨大な時間を費やしています。(12) しかし、私たちの究極の目標は、生徒が自己評価できるようになることです。つまり、外部にある評価基準（成績をつけるためのもの）を理解したうえで、自分のなかにある評価基準やスタンダードを意識することなのです。

大抵の場合、自己内基準と外部基準はおおむね似てくるものです。しかし、生徒によっては、自分たちの活動における重要な点が、「示された基準では表現しきれない」と感じることもあるでしょう。

たとえば、活動のもっとも重要な点が、作文にどんなイラストを添えるかということ（内容に基づいた適切なイラスト）である、と生徒が考えたとしましょう。しかし、この要素が作文のルーブリックに含まれているとは思えません。また、生徒はスタンダードの文章で規定されたことに納得がいかないかもしれません。

となると生徒は、ルーブリックによって自分の望まないことをさせられる、と感じるでしょう。

---

(12) 日本では、あまり効果的とは言えない「振り返りシート」が多量に出回っているようです。

その一方で、自分たちの成績がそうしたルーブリックに基づいてつけられている、ということも分かってきます。このような事情から、ルーブリックを共同制作すれば、その評価基準が「自分たちのものである」という意識をもつことになります。

生徒にルーブリックの制作資格をもたせる際には、考慮すべき点がいくつかあります[13]。

第一に、価値あるルーブリックをつくるには、細部にまで注意を払う必要があるということです。とくに最初の数回、この作業を進めるにあたっては、生徒が諦めたり、口をつぐんでしまったり、「誰かがやってくれるだろう」と思ったりしないように理解を求めていく必要があります。

第二に、価値あるルーブリックをつくるためには、幅広い目標、すなわち概念やスキル、心構えなどについても検討する必要があります。多くの生徒にとって、ルーブリックの言葉は語彙や文章の複雑さのために理解しにくいものとなっています。ですから、この活動を通して、使用されている言葉を生徒が理解しやすいように文章を書き換えていけば内容が明確になり、生徒にとって、ルーブリックが自己評価のためのパートナーであると感じられるようになります。

第三に、共同制作（**共創**）したルーブリックが生徒の成長を十分にガイドするものであるかどうかを検証するための時間や、その場面におけるゆとりが必要となります。

第四に、授業レベルのルーブリックを作成するにしても、教科領域全般、学校全般でも使えるようなものになっているのかと、より本質的に判断する必要があります。

③プロセスと結果に対するオウナーシップ

ルーブリックの作成について、生徒が重要な役割を果たすかどうかにかかわらず、生徒一人ひとりがほかの人（クラスメイトやその道のプロ）の活動や仕事の状況に照らしてルーブリックを検証する必要があります。それは、「自分にもできるのではないか」と感じるためであり、また「自分たちの活動を刺激するモデル」として、その質を確かめるためでもあります。

こうした活動を通して、生徒は自分の学習活動を最高のものに近づけるべく刺激され、結果として、自分が成し遂げたことに誇りを感じるようになります。さまざまなモデルがあることでルーブリックは確かなものとなり、折に触れて生徒が刺激を受ける本物の学びの目安となります。

評価を、教師と生徒の共同作業にするための提案

①「評価基準＝信頼できる友達」と捉えられるようにする

あなたが従来どおり生徒の姿を描くルーブリックを使うにしても、あるいは一連のスキルの評

（13）　協力者から、「クリティカルな思考を育てていかないと難しいと思いました。一方で、こうしたルーブリックを考える行為そのものがクリティカルな思考を促すとも思いました」というコメントが届きました。

価基準を使うにしても、発表の活動についてでは、できるかぎり一定の基準を用いるようにしましょう。話すこと、問題解決、計画、レポートなどの評価基準は、そのテーマに合わせて十分に描き出されており、何度でも利用できるものにしましょう。

たとえば、エイボン教育委員会（コネティカット州）では、読み書きの学習について、文学、説明的な文章、話し合い、プレゼンテーションという四つに整理して、教育委員会共通のルーブリックをつくりました。導入初年度は、教師がルーブリックそのものを評価し、一人ひとりの発表課題に照らしあわせて修正を加えました。この新しいルーブリックは、生徒のみならず、保護者、教師、教育行政職員にまで広がる共通のものとなりました。

表4－3（一四〇ページ）は、幼稚園年長組を対象にした説明的な文章で表したルーブリックです。逆に言えば、子どもがそうした文章を書く際、教師が教えるべき内容ということになります。これによって、生徒の学習活動と各州共通基礎スタンダードや州のカリキュラムとのつながりがはっきりしますし、保護者に対しても価値のある情報が提供できるでしょう。

②書きこみをすることで改善に結びつける

ルーブリックは、そのオリジナルを誰が書いていようと、生徒自身に書きこんでもらい、自分たちのものだと感じられるようにする必要があります。生徒に、難しい言葉にはマーカーを引いてもらったり、複雑な文章ではキーワードに下線を引いてもらうなどして、優先度や重要度が確認できるようにしましょう。

こうした書きこみを行えば、生徒にとってより簡潔で明瞭な、意味のある文章となるはずです。また教師は、ルーブリックを洗練し、生徒にとってより親しみやすいものにしなければなりません。もしかしたら生徒が、「ルーブリックに加えるべきだと考えているので項目を増やしたい」とか「学習成果物や発表に当てはまらない部分を削りたい」と言うかもしれません。

③最初まで戻って振り返るようにする

生徒には、最初の段階での自分の力、やり方、質問、知識がどうであったかを振り返り、確認してもらいます。たとえば生徒は、次のようなことを言うでしょう。

「たしかに、『大切な友だち』(14) グループで振り返りのフィードバックをもらったとき、自分には気づかなかった重要な部分を書き換えられるようになったと思う」

「初めは自分が本当に何をしたかったのかよく分かっていなかったけれど、これま

---

(14)　このやり方については下のQRコードを参照ください。生徒たちは（大人も！）、⑤の「愛を込めたメッセージ（ファンレターと呼ぶ教室も）」をもらうのが好きで、宝物のように取っておきます。

表４－３　説明的な文章についての幼稚園年長組用のルーブリック

各州共通基礎スタンダード（幼稚園年長用の国語）に準拠している。

<table>
<tr><td colspan="5">発想と内容についてのスタンダード
各州共通基礎スタンダードの国語のスタンダードに関する２項目
・絵やお話、文を組みあわせて説明的な文章をつくる。
・書いているものにタイトルを付け、その話題について情報が提供できる。</td></tr>
<tr><td>評価基準</td><td>はじめたばかり</td><td>できるようになりつつある</td><td>上手にできている</td><td>洗練されている</td></tr>
<tr><td>発想と内容
メッセージがはっきりしていて、細かなところまで書かれ、テーマに合っていますか？</td><td>テーマが絞られていない、不正確である、テーマに関連していない。

例：私はママが好き。</td><td>テーマはあるが、それについての情報がない。

例：鳥。私は鳥が好き。鳥は格好いい。</td><td>テーマがあり、少なくとも一つは細かく描写や説明がされている。

例：鳥は空を飛べる。鳥は羽をもっている。</td><td>テーマについてはっきり述べており、関連することや特筆することについて描写や説明をしている。

例：鳥は卵を産む。ある鳥は赤い羽が生えている。鳥は飛べる。</td></tr>
<tr><td colspan="5">各州共通基礎スタンダードの国語のスタンダードの項目
・大人のガイドやサポートを受け、友達の質問や提案にこたえる。また、必要に応じて作文に詳細な情報を書き加えて補強できる。</td></tr>
<tr><td>評価基準</td><td>はじめたばかり</td><td>できるようになりつつある</td><td>上手にできている</td><td>洗練されている</td></tr>
<tr><td>言葉の選択
自分の選んだ言葉をどう思いますか？</td><td>自分の言葉で情報を伝えたり、テーマについて表現することができない。</td><td>情報を伝えたり、テーマについて表現する言葉を使いはじめている。</td><td>正確な情報や、テーマについて表現するために言葉を選んで使っている。</td><td>正確な情報を伝え、テーマについて明確に表現するための言葉を確実に選んで使っている。</td></tr>
</table>

での歩みを振り返ってみると、オンライン会議で誰かと通話していたところが重要なポイントだったと思う」

もちろん、このような振り返りは、自らの活動の最初から最後まで、さまざまな段階について文章化すればさらに深まります。そのほか、録音や活動の写真、見える化ツール（思考ツール）、自由記述（ジャーナルに記入すること）なども手軽な方法となります。生徒は自らの進歩の様子を通して活動を捉え直すため、最終的にはより効果的な振り返りとなります。

④自らの学びに対する権限をもっているという認識をもたせる

生徒には、「成績をつける＝ほかの誰かに評価を下されること」と認識するのをやめ、自分たちの活動の本質を捉える方法を身につけてもらいたいものです。さらに生徒には、自分で成績をつけるということが珍しい出来事ではなく、「成績＝学びに欠かせないパートナー」と認識するところまで到達してほしいものです。(15)

学校の活動のみならず、その枠を越えて、生徒が知識の深さやスキルの成長、概念の理解、全体的な満足度を自己評価できるように私たち教師が育む（モデルで示す・訳者補記）のです。

---

(15)　そのためには、当然、教師や教育行政サイドの評価観の転換が先決となります。

⑤自分たちを判定する練習の場であると捉える

生徒はほかの人の作品を評価し、強みや改善点を特定することを通して自分たちの評価基準に慣れていくと思います。自分たちが評価者であることが常態化すると、一連の学習のなかでの現在地が分かるようになってきます。それはつまり、自分たちの学びや成長には、明確で実用的なフィードバックに基づいた改善の余地が常にあるという、極めて大切な教訓がはっきりするということです。

学びの蓄積を表現する――より真実に近い成長の全体を表す

本章の最後にあたり、ポートフォリオやエキシビションといった、学習期間全体の蓄積を、生徒一人ひとりの総合的な成長の評価に結びつけていく方法について説明します。

心の方位磁針（二七ページを参照）、他者の言うことを素直に受け取り、短期的な成果から学び取る力、そして正しい見通しや方向性、これらを私たちが用いれば、子どもと大人にとって有益な学校コミュニティーが構築できます。目的に焦点を絞って、そこに向けての進捗状況をチェックすること。一人ひとりの課題の質を上げ、その過程で自己の発見に導くこと。生徒の成果を評価し、課題が終わったあとでも成長の見込みが感じられるように励ますこと――このようなことができるのです。

私たちは、ジェイ・マクタイ（Jay McTighe）とグラント・ウィギンズ（Grant Wiggins）によって提案された『成果と成長の実証』を支持しています。

学習の蓄積を残すというのは、ちょうどアルバムのようなもので、単なるテストの成績（その一瞬を切り取った写真）以上に、生徒の様子を完全かつ正確に証明するものです。複数の情報から多角的にデータを集め、最終的には、各州共通基礎スタンダード（五ページを参照）に対する信頼性が高い（十分で、多様で、継続的な）評価材料が得られます。

そうすると、単なる履修記録や出席回数、ＧＰＡ[16]の合計成績だけでなく、在学中における学びの過程で成し遂げたことのすべてをレジュメにまとめ、それをもとにして卒業ができるようになります。［参考文献22］

---

(16)（Grade Point Average）各科目の成績から特定の方式によって算出された学生の成績評価の数値です。アメリカでは、大学や大学院などへの入学のための成績評定としてよく使われています。日本では、大学における成績として使用される場合が多いです。

表4－4　学びの蓄積を表現することと関連する思考の習慣

キーポイント	生徒と教師の役割	関連する思考の習慣
学びの蓄積を表現する 学習期間中の証拠を見せるにはどうしたらよいでしょうか？	**生徒**　学習期間中の活動成果をポートフォリオにまとめます。または、ある教科か、複数教科にまたがるスキル、あるいは自分自身の能力についてエキシビション（101ページの注を参照）を行います。こうした活動を通して生徒は、自分の強みと弱みを理解し、これからの学びの方向性を決めていきます。 **教師**　生徒の最近の振り返り記述に基づき、聞き役となってカンファランスを行います。ここでは、生徒自身の学びがはっきり確かめられるように、学びの質を上げるためのサポートをします。 教師は、ある活動での生徒の強みと弱みを見極め、学習活動の成功と生徒が達成したことを称賛します。	・既習の知識を新しい状況に適用すること。 ・常に学び続けること。 ・明確に考え、正確に伝えること。 ・驚きと不思議に思う気持ちをもって反応すること。

さまざまな評価の方法

「アルバム」をつくるという視点で、生徒の活動を多角的に評価するように考えてみましょう。さまざまなテスト形式やそのほかの方法を以下に挙げます。

①外部テスト

外部テストでは、一問一答、解法の知識や分析力、一部の応用力が測れます。これらのテストは大きなアルバムのなかにあるスナップショットのようなもので、生徒の達成度合いを示す有効な情報となります。

しかし、こうしたテストが日常の学習活動を不当に縛っているようであれば、生徒の意欲や総体的な結果に対して悪影響となります。グラント・ウィギンズは、「健康のバロメーターにするために、病院でストレスチェックを受けるようなものだ」というたとえを使っていました。つまり、「ストレスチェックの結果をよくするためにそれをやるのではない」ということです。

注目すべきは、栄養や日々の運動、睡眠などであり、それをほんの少し改善することがねらいとなっています。ただし、一部の改善された外部テストや新しいタイプのテストには、クリティカルな（三三ページを参照）分析や問題解決、根拠をもとにした主張などが含まれています。また、アメリカのかぎられた州、つまりニューヨークやワシントン、ニューハンプシャーなどでは、生徒が**既習の知識やスキルを新しい状況に適用できる**度合いを測るパフォーマンステストが確立されつつあります。これによって、計測しにくいスキルや能力の習得度合いを測ろうとしているのです。

②教師（学校、教育委員会）が作成するテストやパフォーマンステスト

教師が作成するテストやパフォーマンステストは、主要教科の習得や教科間をつなぐ事柄の習得、目標への到達度を測るものです。一問一答型や選択式の問題、解答構築型の問題や試作あるいは完成した成果物評価、そしてパフォーマンステストなどがそれに当たります。これら特定の

ブレインストーミングを用いて、書きはじめる準備をしましょう。

　家庭であなた自身が歯磨きをする際、そのやり方を実際に試してみましょう。そして、それをもとに修正するようにしてください。

小学校高学年

　好きな楽器を一つ選んでください（楽器経験のない生徒のために、教室に楽器をいくつか持ってきましょう。ハンドベルやマラカス、タンバリン、ドラム、リコーダーなど。あるいは、この期間中に音楽教師に頼んで楽器の授業をしてもらいましょう）。

　その楽器を扱ったことがない人に向けて、音を出すための方法を説明しましょう（より高度なバージョンとしては、音域を広げて、音質を上げるための説明をします。たとえば、ドラムであればいくつかのリズムを、ピアノであれば和音やコードを、リコーダーであれば音が滑らかに出せる方法を書きます）。

中高生

　あなたが得意なことを考えてみてください（ピアノ、スケボーでのウィリー走行、SNSを扱うことなど）。そのことに関する「入門編」となる説明を、文章、イラスト、イメージで表現しましょう。

　入門編の説明をうまくつくるために、やったことがない人や、一度はそれに挑戦したが挫折した人を対象とするようにします。言葉遣いや説明の仕方、文の調子などをより明確にし、対象者に寄り添ったものにしましょう。確認するために、対象者がどのように感じているのか、どのようにそれをやっているのかなど、注意してよく見てください。

表4－5　目標や方向性にうまく調整されたパフォーマンス評価の例

長期目標

コミュニケーション——与えられた目的に応じて、対象とする聞き手に対し、さまざまなメディアを使いながら情報や意見、感想を伝える。

書くことのスタンダードとのかかわり（各州共通基礎スタンダードの国語）

鍵となるスタンダード——論理の流れや構成、文体などが課題や目的、対象に向けて適切であり、明確かつ一貫性のある文章をつくる。

能力および思考の習慣とのかかわり

・それぞれのステップを、言葉やイラスト、イメージではっきり表現できる。**明確に考え、正確に伝えて**いる。
・試行錯誤によってステップを組み立てる。**正確さと精度にこだわる**。
・対象となる聞き手の知識に応じて、必要とされる詳細な点をつけ加える。**理解と共感をもって聴く**。

パフォーマンス評価の例

小学校低学年

歯医者さんが、子どものために、上手に歯を磨くためのリストをつくろうとしています。あなたは子どもと話すのが上手で、また子どもがどのように歯磨きをしているのかもよく知っているということで、歯医者さんからリストを作成するための助言を求められました。ロールプレイ、図解、ペアでの共有、小テストやパフォーマンステストによる評価は、まさに今も行われていますが、目標や方向性の幅があるものなので評価には微調整が必要とされています。

前ページに示した**表4-5**は、テキサス州キャロルトン・ファーマーズ・ブランチ独立教育委員会で行われている活動から生み出されたもので、「どのように書くか」についての評価です。実にうまく調整されており、機能していることが分かります。

③学校外連携カリキュラムの成果

学校外連携カリキュラム、もしくは「学校外行事」による成果は、主要教科の学習内容の習得や教科間をつなぐ事柄の習得、目標への到達度を測る方法となります。

多くの生徒が複雑な問題を解決することに夢中になり、考えを深め、学校外にある共通の目的を成し遂げるために協働します。そうした生徒たちの努力は、教師が逐一チェックし、成績をつけられるものではありませんが、生徒が自分の知識で何ができるかということについては多様な見方を教師に与えてくれます。

生徒は、いかにプロジェクトを成功させたか、目標に向けてチャレンジし、活動を成し遂げたのかを表現します。プロセスと成果の両面について、外部の人（たとえば、会社経営者やＮＰＯ法人の責任者、ネットワーク上の仲間など）に評価してもらうとよいでしょう。[17]

④個別の課題

個別の課題によって、主要教科の学習内容の習得や教科間をつなぐ事柄の習得、目標への到達度を測ります。本章の冒頭で述べたように、個別の課題とは、生徒が共創者や主体者となって自分自身の学びをつくることを指します。

⑤ポートフォリオとエキシビション

ポートフォリオとエキシビションは、生徒が自らの成果を集め、自分の学習経験の広がりや考えを進める力がついたこと、問題解決能力が身についたことを物語る素晴らしい方法です。ポートフォリオとエキシビションは、その人の知識そのものではなく、その知識で何をしたかということを重視するものです〔参考文献33〕。

バーモント州の中高一貫校の優れた実践を紹介します。この学校では、生徒がポートフォリオを作成し、多様な学習体験（オンライン学習、職場見学、職場体験プログラム、インターンシップなど）について文章をまとめ、公式のエキシビションを行っています。生徒はコンピテンシー

---

(17)　ここから一五三ページまでで紹介されていることについては、『一人ひとりを大切にする学校』が参考になります。学校外での学びとポートフォリオとエキシビションを中心にした学校づくりが詳しく描かれています。

の向上にまつわる証拠を収集し、ほかの生徒や担当教員、メンター（信頼のおける先輩や教師以外の指導者）、保護者に向けて一時間のプレゼンテーションを作成します（この学校、および個別化された学習プログラムについてさらに知りたい人は、参考文献4を参照してください）。

サンディエゴの「ハイ・テック・ハイ」[18]の事例も紹介しましょう。ここでは、生徒がデジタル・ポートフォリオをつくり、日々更新するようになっています。これによって、自分の活動と学びについての振り返りを継続的に俯瞰しています。また、アリゾナ州のチェンジメイカー（変化を起こす）高校やコロラド州のアニマス（意思ある）高校のようなところでは、エキシビションが卒業要件として位置づけられています。

コネティカット州のグリニッチ高校（GHS）のイノベーション・ラボ[19]では、エキシビションの場を設けて生徒の作品を取り上げ、生徒の成長や学びについての評価材料としています。

GHSイノベーション・ラボのSTEM[20]教師のブライアン・ワラック先生は、不安を伴うものであっても、教師以外の人と活動を共有するという解放感がいかに生徒のためになるかということを述べています。生徒には次のように言っています。

「君のアイディアには驚かされたよ。じゃあ、今度はほかの人を驚かせてみようよ！」

同じくGHSイノベーション・ラボのSTEM教師であるサラ・ゴールデン先生は、エキシビションについて、二つの大切なポイントを加えています。一つは、エキシビションを設定することによって生徒は自らの活動計画を重視するということです。もう一つは、生徒が行き詰まったときには、専門家にアドバイスをもらうように、とすぐに促すことです。

⑥ポートフォリオとエキシビションの優れた点

ポートフォリオとエキシビションは、学びにおいて生徒の思考の進歩や望ましい成果（能力）の獲得を集めたコレクションです。「個別化された学び」の四つのフィルターに照らすと、その優れた点が明らかになります。

---

(18) プロジェクト学習（PBL）の先駆的な取り組みをしている学校です。「ハイ・テック・ハイ」を入力して検索すると、たくさんの情報が日本語で得られます。英語で検索したい人のために、この学校および次の三校のスペルは次の通りです。High Tech High School、Changemaker High School、Animus High School、Greenwich High School (GHS) Innovation Lab。

(19) 主に企業に多く導入されているスペースで、ブレインストーミングやデザイン思考（一八〇ページの注を参照）などのプロセスによって新しい商品やサービスを開発したり、新しいイノベーションを起こしたりしながら、組織を改善したり強みをいかすことを目的にしています。メイカー・スペース（二六九ページの注を参照）もそうですが、多くの場合、そのスペースにはゆったりとした椅子、メンバーで囲むことのできる大きな机などが置かれており、リラックスしてアイディアが出されるようになっています。

(20) 理科（science）、技術（technology）、工学（engineering）、数学（mathematics）の頭文字をとった理数系の教育分野を総称する言葉で、それぞれの特色と関連性を重視しています。

声——生徒は、活動の評価において重要な役割を担うことができます。三者面談の機会に、生徒はその評価を保護者や教師と共有できます。成果物コレクションによって長所を認めあい、自分たちの課題にしっかり向きあえます。

共創——生徒を評価のパートナーへと位置づけることにより、目標設定の重要な役割を担うようになります。また、その後の企画や発表に向けての次のステップを自分で決めることにもつながります。

他者との共同構築——生徒は、いかなる場合でも自らの進捗状況を俯瞰し、教師やアドバイザー、外部の会社経営者などと相談するなかで次のステップを見いだし、常に改善が続けられることを理解します。

自己発見——生徒は、旧来の成績のつけ方では往々にして分からない、成長や達成した領域が発見できます。自分を学び手として見つめ、単に「よくできました」や「もっと頑張ろう」といった言い方を超え、より多様な方法で言い表す方法を学びます。

⑦注意点

ポートフォリオやエキシビションを取り入れるというのは面倒な側面もあり、教師と生徒のエネルギーと時間を使うことになります。生徒は、成果物コレクションの価値を見いだすのに苦労したり、振り返りが表面的なものばかりになってしまう場合もあるでしょう。

一方、教師のほうでは、普段の授業にこうしたポートフォリオをどのように組みこむか、また膨大なコレクションをどのように評価するか、ということに苦戦するかもしれません。さらに、生徒からの有効な発言が残念ながら得られず、その結果として、成長と次のステップを示すことが難しくなってしまうという可能性もあります。

そして、保護者は、自分の子どもが学習目標や獲得すべきコンピテンシーにどのように向きあったのかが分からず、また次のステップへのサポートとして具体的にどのように声をかけたらよいのかが分からないと感じるかもしれません。コレクションと学習目標、獲得すべきコンピテンシーとの間にしっかりとした結びつきがないかぎり、保護者は単に活動の聞き役に留まってしまうでしょう[21]。

---

(21)　協力者から次のようなコメントをもらいました。「GIGAも含めてですが、日本の保護者は学校に丸投げする習慣がやめられずにいます。GIGAがそれを可視化してくれています。もっとも啓発が必要なのは保護者である、ということが評価でも言えるのだなと納得してしまいました」

ポートフォリオとエキシビションをうまく機能させるための提案

①鍵となるのは一貫性

生徒の成果物コレクションは、長期間にわたる成長のなかの小さな一部でしかありません。コレクション、振り返り、活動のサイクルが、教師と生徒の学びにおけるプロセスのなかでしっかりと統合されている必要があります。[22] たとえば、幼稚園児であれば、ピザの箱（重ねやすい！）に一週間の作品を詰めこむようにします。そして毎週金曜日に、一週間集めたものについて、外部の基準と自分たちの基準に照らして、自信をもって見せられるものを選別してもらいます。

②長い道のりの、ちょっとした収穫を認めてたたえあう

ここで言う認めてたたえあう部分は、成績がよいから褒められるというものではなく、学習活動の際に見落としてしまいそうなものを拾いあげるといった営みです。以下に、過去の素晴らしい先達の言葉を紹介します。成功というものが修正や調整の土台の上に成り立っていることが、あなたにも生徒にもはっきりと分かる言葉です。

「天才とは、一パーセントのひらめきと、九九パーセントの努力から成り立っている。結局のと

ころ天才とは、自分の宿題をただ全部やり遂げられるといった才能の持ち主かもしれない」（トーマス・エジソン、発明家）

「私はこれまで九〇〇〇本もシュートを外してきた。三〇〇試合以上負けている。おそらく、二六回はゲームの決め手となるシュートを外している。人生のなかで、何度も、何度も、それこそ何度も失敗してきた。だからこそ、私は成功したのだ」（マイケル・ジョーダン、バスケットボール選手）

「あなたは、あなたが繰り返し行ったことの結果である。つまり、優秀さとは、単なる行為でなく、習慣の賜物なのだ」（アリストテレス、哲学者）

「不可能を可能にするのが楽しいのさ」（ウォルト・ディズニー、アニメーター）

「科学の世界でもっともドキドキした瞬間は、新しい発見に出合ったときの台詞が、『エウレカ！

---

(22)　ポートフォリオのサイクルとしては、「コレクション（集める）」→「セレクション（選ぶ）」→「リフレクション（振り返る）」→「コネクション（つなげる）」という四つのステップがよく知られています。そのサイクルについては、『成績だけが評価じゃない』（第6章）、『学びをつくる教育評価』（第6章）、『歴史をする』（各章の最後の評価のセクション、とくに第3章）を参照してください。なお協力者から、「授業のカリキュラムがこの流れではないでしょうか。とくに、ＩＣＴが導入されたことで、このサイクルの授業が可能になりました。大きな変化です」というコメントが届きました。

（分かったぞ！）』ではなく『おかしいぞ……』と言うときだった」（アイザック・アシモフ、SF作家・科学者）

③自己批判のマインドセットは避ける(23)

カンファランスやエキシビション、発表などに際して、生徒がこれまでに学んだことについて語りあうことを期待して振り返りの場面を設けることがあります。そうしたとき、「自分は先延ばし屋であることに気づいた」、「私の企画に興味をもって、助けてくれる人を探すのに苦労した」といった言葉がよく見受けられます。

生徒が、自分自身への最終的な結断として「有罪判決」を下すようなことがないようにしましょう。こうした学び(24)は、変化と成長のある長い旅のようなものだと考え、**自己発見**の経験をどんどんさせてください。時間やネットワークの使い方などは私たち教師が教えられることですし、いずれは生徒も身につけられるものですから、心配させないようにしてあげてください。

まとめ

知識を示すのは、何も選択式のテストにかぎったことではありません。テストで特定の事柄を知っていることは明らかになりますが、それに正解したところで、統合、分析、創造すること（より高度の思考力）を通してより理解を深めるときに、その知識を生徒が活用できるかどうかは分かりません。

生徒が探究プロジェクトをする機会があり、新しい考えに思いをめぐらすという自由があれば、私たち教師は多様な物差しで評価することができます。私たち教師が生徒に何をすべきかを一から一〇まで教えていないときこそ、考え方や振る舞い方が学習活動に現れてきます。こうした学習活動こそが、大学入学への準備であり、将来の仕事に対する準備として求められているものではないでしょうか。

---

(23)　協力者から次のようなコメントをもらいました。「これは、とくに日本では多いように感じます。子ども自身からネガティブな言葉が出やすいこと（大人に対しても言えることですよね）、そのときに周囲の大人が『よく学んでいる』と喜ばしく受け止めてしまうきらいがあるなーと、自戒をこめて感じました」

(24)　協力者から、「自己のなかにどのような芽が育ってきたか、可能性が見えるか、さらに伸ばすために必要な思考の習慣は何か、それを獲得したとき、自分はどのような成長を遂げているのかなどを描きたい」というコメントが届きました。教科の内容だけでなく、それを通して自分を見つめ直せるように教えていくことの重要性を感じます。

個別化された学びは、どのように見え、聞こえ、そして感じられるのか

――学習指導計画

多くの教育関係者が「個別化された学び」の日常に興味をもっていることを受けて、私たちはノースカロライナ州のシャーロット・メクレンバーグ教育委員会内にある公立学校の教師たちにインタビューを行いました。対象としたのは一年以上個別化された学びに取り組んでいる教師で、継続して彼らの教室を見学させてもらいました。そのインタビューの一部を紹介します。

小学校校長――「個別化された学び」は、生徒の興味や情熱が学びを主導しているため、教師も生徒も笑顔でいることが多いように見えます。そこでは、たくさんの質問、（生徒は協力して取り組んでいる）学習に関する話し合い、インタビュー、発表の声が聞こえます。

高校教師――外から見ると、少し混沌としているように見えます。みんながそれぞれ異なる内容に取り組んでいます。そのため、時には生徒の大きな声が聞こえたり、動き回ったりする姿が見られるかもしれません。でも、生徒たちは何かしら意味があることに取り組んでおり、おそらくですが、それぞれが学んでいることについて話しています。

七年生の担当教師――「個別化された学び」では、さまざまな活動が同時に行われます。生徒は自分のペースで学習し、それぞれのニーズに合った課題に取り組み、必要に応じて少人数での学習の場に参加しています。具体的には、生徒主体の話し合い、協同学習、ターゲット・リーディンググループ[1]、リーダーシップのためのセミナー、プロジェクト学習、教員の直接指導などといったさまざまな活動が含まれます。

幼稚園教諭――私にとっては、「個別化された学び」とは子ども中心の学びです。私は、授業におけるより多くのコントロールと権限を子どもに譲り渡しています。つまり、私たち教師は前面に出るのではなく、学びのファシリテーターになるということです。子どもは学びのチャンスをつかみ、さまざまな方法で自らの学んだことを表現する自由を手にします。特定のトピックに費やす時間を増やしたり、また減らしたりすることも自由です。私にとっては、単純に、それがとてもしっくりくるのです。

学級支援スタッフ――「個別化された学び」は、見た目も、音も、感触も、生き生きとしていて流動的です。生徒の動きやおしゃべりには意味があり、生産的です。授業のなかで、生徒が会話している時間は確かに増えますが、それは常に協働（コラボレーション）、お互いへのサポート、そして学びに向けられています。教室は、もはやたった一つの教授法や学習スタイルに合わせて設計されるべきではありません。教室内の配置や利用の仕方が柔軟になり、生徒は必要に応じて部屋中を移動し、自分にとって最適な学習方法に合わせて環境をつくるようになりました。生徒は高いモチベーションで学習活動に取り組んでおり、自ら学びをつくり出していると言えます。[2] 生徒は、一人ひとりのレベルに合った、少しチャレンジングな課題に取り組んでいますので、教室全体のエネルギーが高まります。

一年生の担当教師――生徒はより自立し、自分の取り組みについて振り返りができるようになります。自分がしている学習活動について、またそれがどのように自分自身にとって役立っているのかについて説明できます。そして、彼らはお互いに協力的で、課題に取り組むモチベーションが高く、互いに助けあうという気持ちも強いです。生徒は夢中になって、それぞれの目標達成の

（1）「ガイド読み」が一番近い取り組みだと思われます。五七ページの注を参照。

（2）協力者から次のコメントをもらいました。「すごいことだと思います。私自身ワークショップの授業を行っていますが、その日の気分に左右される生徒もいます。見通しがあって休憩の日と考えるようなのですが、学びへの主体性を後押しができていないのだなーと力不足を感じています。学校全体の雰囲気が変われば、学習活動への向きあい方も変わるのかもしれません。道のりはまだまだ長く続く感じです」

ために努力することを楽しんでいます。

四年生の担当教師――「個別化された学び」のおかげで、優れた教育とはリストにある目標を教師がただ教えこむことではなく、生徒が自ら学びを創造できるように、意図して計画することであると気づきました。もちろん、その計画自体は目標からはじまりますが、最終的な成果は目標によって制限されるものでもありません。むしろ、生徒の欲求や探究心によって方向づけられていきます。

本章では、「個別化された学び」の日常の姿、つまり取り組む順番やペース、そして生徒が学習内容とどのようにかかわっているのかについて注目していきます。

シャーロット・メクレンバーグ教育委員会の教師たちが証言しているように、それは同時に起こるさまざまなことのバランスの上で成り立っています。柔軟性、コラボレーション、創造性がふんだんにあることが大きな特徴となっています。

教師が生徒の現状を把握し、学習の計画段階に巻きこみ、何に魅了され、何に苦労し、どのように自らの学びを表現したいのかという点を満たそうとすると、これまでの画一的な指導は通用しません。教育者のマイケル・フィッシャー（Michael Fisher）が主張しているように[3]、「指導方法を現代化するときが来た。従来型の指導方法はもはや通用しない」のです［参考文献11］。

表5－1　学習指導計画と関連する思考の習慣

重要なポイント	教師と生徒の役割	関連する思考の習慣
学習指導計画 学習指導計画の設計は、実際どのように見えるか？	生徒と教師は協力して、学習指導計画を作成する。生徒の興味とニーズに基づいて、取り組む順番、ペース、学習内容を検討する。 生徒と教師は、進捗について評価をし、それに基づいて計画を修正または根本的に検討し直すために、継続的に計画を見直す。	・問いをもち、問題提起をする。 ・創造かつ想像し、イノベーションを起こす。 ・衝動的な言動をコントロールする。 ・自分の考えについて考える（メタ認知）。 ・粘り強く取り組む。

学習指導計画――「個別化された学び」の構造化された流れ

「個別化された学び」は、教師が「やる価値がある」と判断したり、「やるぞ」と決意したからといって実現するものではありません。教師と生徒の協力が必要ですし、一人ひとりの生徒が取り組む内容は異なります。

たしかに「個別化された学び」は、外部の人間から見れば「ごちゃごちゃしている」ように見えるかもしれません。しかし、そこには実践に向け

(3)　協力者から「この言葉は、剛速球のストレート。日本では、なかなか受け止められない教師がほとんどだと思います。これから教師になる人、現状に疑問をもっている人にこの本が届くといいなーと思います」というコメントが届きました。

て慎重に練られた学習指導計画がありますし、次のような仕組みが特徴となっています。

・生徒を一人のトータルな子どもとして捉え、その心理社会的な発達も反映している。[4]
・生徒の自主性が重んじられ、教室は学び手が中心となるような環境設計となっている。
・学習内容や方法に一定の制限はあるが、イノベーティブな考えには常にオープンである。
・学んだことを活用するために、生徒一人ひとりがそれを振り返ることが求められている。

では、このような学習指導計画をどのように立て、実践につなげていくのか、そして、それを成功させるために必要な思考の習慣とは何かについて見ていきましょう。

生徒の心理社会的発達を反映させる

これまでの研究により、使用する教育モデルにかかわらず、生徒の学力向上にプラスの影響を与える四つの心理社会的属性が明らかにされています［参考文献10］。私たちは、「個別化された学び」におけるごちゃごちゃした環境のなかで生徒がしっかりと取り組んでいくためには、これらの属性は単に有益であるだけでなく必要不可欠であると考えています。

図5－1　生徒にプラスの影響を与える四つの属性

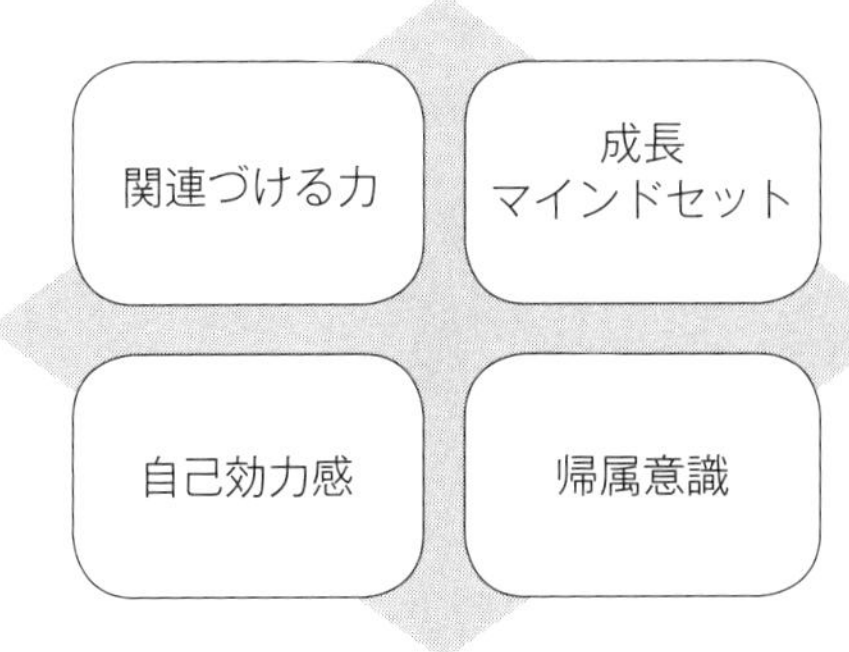

関連づける力――「この課題は自分にとって価値がある」

「個別化された学び」の課題では、複雑で興味をそそる問題に対して生徒は、自分なりに理解し、応用することに挑戦します。生徒がアイディアや探究に没頭するのは、それが自分自身やほかの人に影響を与える取り組みであると信じているからです。

教師は、専門家や同僚と協力しあい、実際に存在する問題、難題、アイディアを学習内容として取り上げたうえで、業界標準（七二ページを参照）や専門家の期待に基づいた本物の評価基準を使用します。また、生徒が自らの作品を共有し、改善のためのフィードバックを受けられるリアルな対象者を探し、その人たちに生徒の発表を聞いてもらいます。

（4）「ホール・チャイルド・アプローチ」で検索すると、たくさんの情報が得られます。この言葉と「新・エリート教育」とは結びつきませんが！

これらすべてを実現するためには、教師が**常に学び続けること**、**問いをもって問題提起をすること**、**過去の知識を新しい状況に適用する**ことが不可欠となります。

成長マインドセット——「自分の能力と自らへの自信は、努力次第で身につけられる」

キャロル・ドゥエック（Carol Dweck）によって詳しく説明されている成長マインドセットとは、「私たちは誰でも学び続けることができる」、「私たちはより良くなれることを実感している」という考え方です［参考文献9］。生徒がすぐに成功したとしても、逆になかなか成功しなかったとしても、自分がより良くなれると信じて頑張り続けることが大切です。そのために教師は、率直で建設的なフィードバックを提供し、生徒の思考と発達を促していく必要があります。

グリニッジ高校のイノベーション・ラボ（一五一ページの注を参照）で社会科を教えているコートニー・ホーズ先生は、このマインドセットについて次のように説明しています［参考文献15］。

生徒は、文章の下書きを共有したり、また未確定な部分が多い状態のプロジェクトについて説明しているとき、自らがより良くなるために必要なリスクと、それに伴う見返りを受け入れようとします。しかし、建設的な批評を受けたとしても、受け手である生徒が、しばしば自らの弱さや足りない部分にのみ目を向けてしまうことがよくあります。そうすると、生徒は新しい情報を取り入れることが難しくなるばかりでなく、変化することさえ難しくなります。

しかし、建設的な批評は、実際にはその受け手の長所を伸ばすためのものです。また、そのときの言葉かけに、生徒のことを純粋に気遣っている教師から発せられたものであるという考え方が土台としてあれば、恐怖や敵意などといった否定的な反応を減らすことにつながりますし、最終的には、新しい学びが身につくための後押しとなります。

取り組んできたことを共有し、より良くすることを前向きに捉えるという行為には、本当の意味での「勇気」が必要です。生徒たちには、**責任あるリスクを取る**こと、**常に学び続ける**こと、**柔軟に考える**こと、**粘り強く取り組む**ことなどの習慣を活用して、さらに発展させていくという姿勢が大切となります。

自己効力感——「私はこの目標を達成することができる」

自己効力感は、私たちがどのように学びを管理するのか、つまりどのように計画を立て、行動し、進捗状況をモニターするのかということと関係します。生徒は、時間管理、自らのもつリソース（五九ページの注を参照）の管理、そして他者との協働のためにさまざまなツールを使用します。具体的に説明すると、それは学習計画と進捗状況のモニタリングを自ら行い、目標達成に向けた進捗状況を振り返ることとなります。

教師は、生徒が目標を達成するための後押しと、何を学んでいるかを振り返るために、方法やツール（計画や時間管理の助けになるものなど）を共有します。また、自分が欲しい分野の有益な情報にアクセスするためのツール（Evernote、Notion、ScrapBox など）[5]、プロジェクト管理ツール（Trello、Benjamin など）、グラフィック・オーガナイザー作成のためのツール（Mindmeister、miro など）、協働するためのツール（Zoom、Skype、Google Meet、Microsoft Teams など）、学習管理ツール[6]（Classi、ロイロノート、Google Education［現在は、Google Workspace for Education］など）についても理解できるようにします。

生徒は、与えられたプロジェクトにこれらのツールがどのように役立つのかについて振り返ります。また、自分の**衝動的な言動をコントロール**し、**自分の考えについて考え（メタ認知）**、**正確さと精度にこだわり**、**明確に考え**、**正確に伝える**ために役立っているかどうかを振り返ります。

帰属意識――「私はこの学びの集団に属している」

帰属意識は、個人がコミュニティーにどのように溶けこんでいるのか、コミュニティーがどのようにお互いの違いを受け入れ、認めあっているのかを説明することにつながります。

帰属意識が生まれてくると、生徒はほかの人の話を聞き、交流することに価値を見いだしていくようになります。まず、教師が安心安全でマナーのある環境を整えて、生徒同士の協力的な学習のパートナーシップが確保できるようにする必要があります。

教師は、生徒と協力して、教室での行動に関する基本的なルールを決めたり、意欲を失った生徒のエネルギーを回復させるために「関係修復のアプローチ」に基づく「サークル」を実施したりして、学級コミュニティーをつくりあげていきます。(7) また多くの教師が、生徒が重要な社会的スキルを身につけるために、互いにフィードバックしあえるような方法をとることもあります。

生徒と教師は、**互いに協力しあう関係で考え、理解と共感をもって聴き、驚きと不思議に思う気持ちをもって反応しあう**のです。(8)

---

(5)　アクセスするためには、まずは自分でこれらのツールに情報を集める必要があります。自分で集めた情報を分野ごとに整理し、欲しいときに取り出せるようにするツールという意味です。

(6)　協力者から次のようなコメントが届きました。「生徒のほうが詳しいことも多いので、ここは『禁止』とか『管理』ではなく、教師のほうから『どんなツールが考えられる?』と近寄っていくことで、生徒が自ら提案するなどの場面をつくれそうです」。ここで紹介されているツールは、原著で紹介されたものとは異なります。日本語で使え、かつサービスも継続されているものを選んで紹介しました。このうちのいくつかは、訳者たちも日常的に活用しています。

(7)　これらの方法について、『生徒指導をハックする』に具体的な事例やステップがたくさん紹介されています。

主体的かつ自立的な学びへ移行する

教室での指導において、生徒が自立的に学ぶために必要なスキルやその重要性について焦点を当てることはほとんどないかもしれません。長期的な目標としてこれらのスキルが必要であることは指摘されていますが（第3章参照）、そのためのサポートになるような指導・支援が行われていないというのが現状です。

興味深いことに、幼児期の授業においては、幼児の自立を促すようにデザインされている場合が多いのです。たとえば、五歳児のグループにおいては、どの学習センターに最初に行くかを示す札を取ってボードにぶら下げたり、レベル分けされた本のなかから読むものを選んだり(9)、遊び終わったあとに自らブロックを片づける姿を目撃するといったことは決して珍しくありません。

しかし、小学校に入ると、次のレッスンは何か、どのような本を読むべきか、ボードに書かれた「do now（今やるべきこと）」に示されているように、どのような課題をしなければならないかと、教えてもらうのを待っている生徒の姿をよく目にするようになります。幼児期から学年が上がるにつれてカリキュラムが複雑になると、今何をすべきかについて、生徒は誰かからの指示待ち状態となってしまうのです。

クラスをより「個別化された学び」に移行させていく際には、教師が厳しいスケジュールで生徒を管理する教室から生徒が自ら率先して動ける教室へと、管理状態から解放するための条件を徐々に整えていく必要があります。

私たちは自己管理の重要性を認識しており、自己管理できない場合はそれを嘆くにもかかわらず、そのためのスキルが生徒たちのなかに育まれていく過程に注意を向けていないというのが実情です。また私たちは、生徒が「分からない」という不安から逃れられるように、必要以上に支援をしてしまいがちとなっています。

そうではなく、生徒たちが自らの可能性と選択できる自由に目覚め、自分にとって何が重要なのかと考え、自らの興味関心を追究しながら自分に関する必要な決定をどのようにすればできるのかといったことに対して支援をする必要があります。そして、生徒たちの自立心を高めるために、挑戦するといった機会の提供が必要です[10]。

---

(8)　このテーマ（と、この次の項目である「自主的な学習への取り組み」）には、『「居場所」のある学級・学校づくり』、『ピア・フィードバック』、『国語の未来は「本づくり」』などが最適です。

(9)　アメリカでは一般的に、ファウンタスとピネル（Fountas & Pinnell）によって提案された、AからZまでにレベル分けされた「ガイド読みレベル（Guided Reading Level）」が読むことの学習に使われています。詳しくは、『読む文化をハックする』第1章と、学習センターについては『一斉授業をハックする』を参照してください。

思考に関する知識を段階的に発展させ、さまざまな思考方法や**思考の習慣**を使う練習をすれば、学びに対するモチベーションを高めるだけでなく、自分自身の学びが管理できるようになります。次のようなプロセスを経れば、生徒は自己管理ができるようになります。

①自己管理（Self-managing）の段階

生徒は、自らの**衝動的な言動をコントロールし**、与えられている時間と自らがもつリソースについてよく考えて計画し、簡単に結論を出してしまいがちな傾向を抑制しようとします。また、**自分の考えについて考える**ことを意識します。さらに、自らの取り組みを評価するために使われると思われるスタンダード（到達目標）を予測し、自分が知っていることを示すためのさまざまなアプローチを検討します。これは、**柔軟に考える**方法を学んでいるからこそできるものです。

②自己モニタリング（Self-monitoring）の段階

生徒には**自分の考えについて考える**ための方法が身についているので、誤った思考や誤ったプロセスに陥ったとしても、瞬間的に次の道筋が見いだせるようになります。具体的には、プロジェクトグループ内のコミュニケーションがうまくいっていないのに「うまくいっている」と思いこんだり、フィードバックが必要なのにその時間がないと思ったりするときです。こうした過ちが起きた際、行動計画や結果にどのような影響があるのかについて自己認識ができます。

③自己修正（Self-modifying）の段階

生徒は、クリティカルで建設的なフィードバックに基づいて自分の取り組みを振り返り、評価し、分析する習慣を身につけていきます。**正確さと精度にこだわり**、継続的な自己評価を通して自分の取り組みを修正し、将来の課題や挑戦しがいのあることに**既習の知識を新しい状況に適用する**ことができます。

自立的な学び手になることは誰にとっても大切な学習目標であると、学年の最初の段階で生徒と確認しておくことが重要です。実際の教室において、自立的に学ぶとどのような感じになるでしょうか？　元中学校教師で、現在はウィスコンシン州のケトル・モレインにあるチャーター・スクールの探究学校（Explore School）の責任者であるローラ・ダーム先生が次のように説明しています。

---

(10)　ここのテーマを実現するための助けとなるのは、『質問・発問をハックする』、『挫折ポイント』、『教育のプロがすすめる選択する学び』、『一人ひとりを大切にする学校』、『だから、みんなが羽ばたいて（仮題）』、『感情と社会性を育む学び（SEL）』、『成績だけが評価じゃない』、『学びは、すべてSEL』などです。

今、私の教室に入ると、子どもたちが床やソファ、テーブルなど、あちこちで過ごしている様子が目に入るでしょう。

そして、外から見ると、「ああ、ここはちゃんとコントロールできていない教室なのね」と思うかもしれません。または、「この子たちは好き勝手にやっているわ。みんな違うことをしているんだもの」と思うことでしょう。

でも、私はそう思っていません。今、私は教室の中を歩き回って次のように考えています。「これこそ、まさに私が求めていた姿だわ」ってね。

また、ウィスコンシン州ペウォーキー高校の英語の教師であるナン・カーティス先生は、「手綱を手放せば、生徒はますます責任が取れるようになる」と付け加えています。

だからといって、「個別化された学び」という経験のなかに生徒を飛びこませて、ただ彼らが自立的に学ぶことを待っているだけでは、教師と生徒にとって惨めな体験となってしまうでしょう。そうならないようにするためにも、この移行をどのように実現するのかについて、もう少し深く掘り下げてみる必要があります。

境界線とイノベーションに焦点を当てる

一九六〇年代にオープン・クラスルーム（壁のない教室）が流行し、このアプローチはしばしば「何でもあり」と解釈されました。生徒が自由に選択し、創造的な思考ができるような教室をどのようにつくればよいのかについて、当時の教師ははっきりと理解できていませんでした。その結果、自由になるためには、ある程度の仕組みが必要であることが明らかになりました。要するに、生徒が学び手としてより自立し、自己管理ができるようになるためには、教室の仕組みが整っている必要がある、と分かったのです。

しかし学校が、とくに外部からの結果責任（七三ページの注を参照）を求められることによって、教師が「理想の状態」だと感じる教室をつくる能力が常に損なわれています。教師は、州と地域の要求にこたえつつ、教室にいる生徒に対して本当に必要となることを考え続けなければなりません。

次ページから一八〇ページまでに掲載した**表5－2**は、コロラド州のダグラスにあるロクスボロ小学校の三年生の教師であるジェシカ・クレイグ先生が取り組んでいる「個別化された学び」への道のりを示したものです。つまり、カリキュラムに重点を置いた学習活動に加えて、特別な

実践のマトリクス図における変化		
フェーズ1 過去の段階	フェーズ2 現在の段階	夢の段階
個別化された学び・自立した学習の時間において生徒への結果責任が十分ではない。 取り組みの完成度を重視する（例・休み時間の前に出口チケット(注2)としてプリントやワークブックのページを完成させる）。	**個別化された学びに対してその意味が十分に説明されている。** プロセスを重視している（個人での振り返りや自己評価を含める）。	**生徒が自ら学びの結果責任を負い、管理する仕組みが整っている。** 生徒たちは自分の学習のデータを記録し、指導や学習の機会が得られるように自ら取り組む。
生徒自身が授業準備をしている。また、時に教科が統合された形で学ぶ。 クラス全体でのミニレッスン →自立した学習の時間 →教室の一部を学習センター（170ページを参照）として、生徒の学びにあわせた区分けがされている	**生徒がより主体となり、教科の統合もより進んだ形で学ぶ。** 事前のテストによって決められているミニレッスン →個別化された学習の時間、もしくはお互いに学び直すグループや生徒の自己評価に基づいたグループで助けあいながら課題に取り組むグループ →個別化された学習活動、スケジュールの確認	**生徒がより主体となり、教科の統合もより進んだ形で学ぶ。さらには、生徒が率先して行う、地域社会に変化をもたらすような本格的な探究のプロジェクトが展開されている。**

（179ページに続く）

表5－2　ある教師の「個別化された学び」への道のり

実践のマトリクス図における変化		
フェーズ1 過去の段階	**フェーズ2** 現在の段階	**夢の段階**
個別化された学びを時々実施する。 ・決められた座席のほかに、別の／柔軟に選べるという選択肢がある。 ・国語の時間において生徒がスケジュールや取り組みを決める。 ・全部の授業が単元を逆向きに設計している。 ・個人的な情熱を探究する時間を少しだけ設けている。 ・能力に応じてあらかじめグループが決められている。 ・クラス全体での短時間の学習の振り返りや共有の時間がある。	**個別化された学びが常に展開されている。** ・あらかじめ決められた座席がなく、常に選択肢があり、柔軟な状態である。 ・生徒たちが可能なかぎりスケジュールを決定する。 ・クラス全体の単元計画は逆向きで設計するなかで、個別に取り組める自由がある。 ・自分の情熱を追究する「才能を磨く時間」(99ページを参照)は、国語と振り返りの時間とを統合する形で行っている。 ・生徒たちには、物理的な環境や時間割を設計し直す余地がある。	フェーズ2に加えて…… **ビジネスや地域の人たちと直接かかわりあう。** ・生徒たちが実社会の専門家たちとつながれるようにする。 ・生徒たちが実社会における問題解決のために動き出す。 **生徒たちがいじくり回す**(ティカリング)。(注1) もしくは、学校のニーズを満たす新たな場をつくる。 **終日、教科が統合された内容に取り組む。** 授業が教科で区切られることはなく、グループも、生徒自身が自分たちのニーズや興味などの自己評価に基づいてつくられる。

(176ページに続く)

実践のマトリクス図における変化		
フェーズ1 過去の段階	**フェーズ2** 現在の段階	**夢の段階**
学びにおいて地域社会を巻きこんでいない。	**地域社会にインパクトを与えるプロジェクト** 地域でその必要が明らかになったことを実現するために、学校敷地内に認定された野生動物生息地を造る。	**さらに地域社会にインパクトを与えるプロジェクト** 生徒主導の校外での学習活動が多く展開され、専用の校外学習スペースがある。

完了したステップ

- 環境問題の専門家に、アドバイスや授業見学をお願いする。
- 最初の数週間は、新しい（または以前のものから変更した）実践を戦略的に多く展開できるよう計画する。
  - ・座席指定をしない。
  - ・生徒のポートフォリオの作成。
  - ・クラスのブログ（書くのは生徒たち）。
  - ・午前と午後にある振り返りの時間で取り組む、振り返りジャーナル。
  - ・「個別化された学び」の授業スケジュール。
  - ・探究の単元は、探究ジャーナルと反転授業で構成する。
  - ・エンジニアを招いて、技術開発する際のプロセスを指導してもらう。
  - ・デザイン思考[注3]を教室で導入するためには、教室の中の物理的な環境改善や授業時間を長くするといった課題を乗り越える必要がある。
  - ・生徒がPoV[注4]の価値観を学級目標のように、クラスで大切にしたい共通の宣言として取り入れる。教室に次のような掲示をする。
    「私たちには、共感を大切にし、自らの情熱を学びに組みこめる、柔軟で個別化された学習環境が必要です」
  - ・生徒がテクノロジーへアクセスしやすい状態にするために、

（180ページに続く）

実践のマトリクス図における変化		
フェーズ1 過去の段階	**フェーズ2** 現在の段階	**夢の段階**
教師から保護者へのコミュニケーション 教師によって書かれた週ごとのメールを使って学級通信を配信する。	**生徒から保護者へのコミュニケーション** 生徒がブログをつくり、更新し、メールでの学級通信に書き加えている。	**生徒が保護者も含めたクラス・コミュニティーのためのSNSを運営** 生徒の取り組みを紹介するだけでなく、プロジェクトにかかわる関係者に進捗状況を知らせるためのものとなっている。
社会科の授業では教室内に複数の学習センターをつくり、それぞれの単元はその学習センターをローテーションしながら学ぶ。	**反転授業** Google Classroom（グーグル・クラスルーム）を使って学習内容を網羅する。 学校での授業の時間は、社会につながる本格的なプロジェクトや課題に取り組むための時間となっている。	**反転授業** そして、生徒主導の地域社会に変化を与える本格的な探究のプロジェクトが展開されている。
生徒のポートフォリオがない状態。	**生徒のeポートフォリオがある。**	**生徒がeポートフォリオを自ら作成し、管理する。** 自らの学びの記録と成長を確認するために使う。

（178ページに続く）

助成金の申請をする。
・クラスのウェブサイト。
・読み書きと「才能を磨く時間」のプロジェクトは、生徒が作成する個別化された学びの計画に則って行う。

次のステップ
・クラスのInstagram（インスタグラム）アカウントを開設する。
・生徒が作成したSMART（79ページを参照）ゴールを継続する。
・保護者参観日を設定する（生徒が決定し、計画し、実行する）。
・生徒たちの興味に基づいた小グループで活動する。
・生徒が振り返りをし、自己評価をし、それについて結果責任が負えるようになるための支援をする。
・生徒が主体となって行う認定を受けた「野生生物生息地プロジェクト」を継続し、ほかのクラスや学年を巻きこむ。

（出典）ジェシカ・クレイグ先生から許可を得て掲載しています。
（注1）直訳すると「いじくり回す」となります。Tinkering（ティンカリング）については、『ティンカリングをはじめよう――アート、サイエンス、テクノロジーの交差点で作って遊ぶ』、『作ることで学ぶ――Makerを育てる新しい教育のメソッド』を参照してください。
（注2）授業の最後に行われる振り返り活動のことで、教室を退出する際に提出します。詳細は『一斉授業をハックする』を読んでください。
（注3）デザイナーやクリエイターがデザインを考案する際に使用する思考プロセスを、ビジネスなどの分野において、前例のない課題や未知の問題を解決するために活用することを指します。近年、日本の企業でも導入されるケースが増えており、それは観察や共感・定義・概念化・試作・実験といったプロセスを経ます。269〜270ページにも説明が載っています。これを学校の授業に応用した例が、『あなたの授業が子どもと世界を変える』（とくに第7章）で紹介されています。また、**図7－1**に書かれていることがさらに詳しく書かれています。小学生がデザイン思考に取り組んでいる事例については、右のQRコードで紹介されています。

（注4）「Proof of Value」の略語です。直訳すると「価値の証明」で、日本語では「価値実証」と呼ばれ、システムやコンセプトに投資をする価値があるのかどうかの検証を意味します。

時間として「個別化された学び」を「時折」与えていたという過去の段階から「新しい日常」となった現在の段階へと進む、彼女と生徒たちの歩みを示したものです。

さらに、クレイグ先生は、「個別化された学び」を常時展開している現在の段階から、最終的になりたい姿、つまり「夢の段階」もイメージしています。(11)

クレイグ先生の「現在の段階」は、生徒が必要としていることにこたえつつ、何を学び、どのように学び、どのように学んだのかについて示す責任を生徒自らに負わせるといった学習環境になっていると言えます。

クレイグ先生は、必修である学びと、生徒たちが柔軟にさまざまな経験が得られる機会を提供するために、バランスを取りながら、生徒がカリキュラムの共同制作者となるように導いています。「完了したステップ」と「次のステップ」では、「個別化された学び」への道のりによって彼女と生徒がどこまでたどりついたのか、そしてこれから先にある、さらにワクワクする道のりで何が起きるのかが示されています。

教師は、生徒がこの「夢の段階」に向けて計画を立て、またその計画が実現するように支援す

---

(11)「夢の段階」がほぼ実現している事例として、『一人ひとりを大切にする学校』をご一読ください。なお協力者から、「日本のほとんどの教室では、まだ『過去の段階』ですら達成できていないです」というコメントが届いています。

る必要があります。「**表5－3　教師主導の計画のための枠組み**」を見てみましょう。これを完成させるためには、教師が目標を意識するだけでなく、生徒たちには選択の自由があると理解してもらえるよう、課題に十分な枠組みをもたせる方法について考える必要があります。

プロジェクトの計画に関する教師とのカンファランスの準備として、取り組む課題の特徴と、そこで扱われる**思考の習慣**を生徒に考えてもらうために「**表5－4　生徒主体の計画のための枠組み**」（一八四ページ）を使うこともできます。教師もこの同じ枠組みを使って、時間管理、プロジェクトのパートナー候補、必要なリソースについて、生徒への支援ができます。

生徒は、プロジェクトを考えるにあたって、計画を修正し、その変更点を記録する必要があります（教師によっては、ジャーナルを記録させる一部として、生徒にこれらの変更を記録するように求める場合もあります）。生徒は、プロジェクト計画の変遷を分析することを通して、すべてのプロジェクト計画はある程度柔軟であるほうがいいと認識するでしょう。そうなれば、計画を立てることの重要性とともに、計画に支障をきたすさまざまな障害が起こりうるといった重要性についても認識できます。

こうして生徒たちは、何度も計画を立て直すことを繰り返しながら、自らがいかに**粘り強く取り組んだ**か、またその粘り強さが何をもたらしたのかについて理解できる場合が多くなります(12)。

表5－3　教師主導の計画のための枠組み

求められる結果	評価のための証拠	授業案	
目標 どのような内容、プロセス、心構えの目標に対して、生徒はどのように焦点を当てるとよいのでしょうか？	**発表／作品** ・模範例として、どんな作品を生徒に共有するとよいでしょうか？ ・生徒の創造性が引き出されるようにするためには、どのようにするとよいでしょうか？ ・ガイドラインを明確にするにはどうしたらよいでしょうか？ ・この取り組みは、どのように評価するとよいでしょうか？	**鍵となる問い** ・個別化された探究の方向性を決めるための包括的な問いとは？ ・探究のアプローチをモデルで示すにはどうしたらよいでしょうか？	**学習目標** 生徒が取り組みの結果として、何を知り、何ができるようになるべきかという点において、どのような学習目標（短期的）に焦点を当てるとよいでしょうか？
到達目標 これらの目標に沿ったスタンダード（到達目標）は何ですか？	**追加の評価** ・生徒の現在の内容理解度やスキルのレベルはどのように評価するとよいでしょうか？ ・成長を促すフィードバックをどのように提供したらよいでしょうか？	**使える事例集・判例集、資料、教材** ・どのようなウェブサイト、ソフト、プラットフォーム、またはそのほかのリソースは提供できるでしょうか？ ・クラス全体に教える必要がある教材は何でしょうか？ ・生徒の選択と必要に基づいて、どのようなワークショップのテーマを提示するとよいでしょうか？	

表５－４　生徒主体の計画の枠組み

課題の特徴	可能な設計と発表の機会	使われる思考の習慣
・私の焦点、アイディア、または鍵となる問いは何ですか？ ・なぜ、それが私にとって重要なのでしょうか？		・問いをもち、問題提起をする。 ・五感で情報を収集する。 ・自分の考えについて考える。
・成果物はどのようなものが考えられるでしょうか？ ・私の発表を聞いてくれる／読んでくれる人たちは、どのような人たちなのでしょうか？		・創造し、想像し、イノベーションを起こす。 ・柔軟に考える。 ・責任あるリスクを取る。
・私の作品は、どのような評価基準で評価されるとよいのでしょうか？		・明確に考え、正確に伝える。 ・正確さと精度にこだわる。
・どのように作業を進めればよいのでしょうか？ ・誰に助けを求めるとよいのでしょうか？ ・情報や支援を得るためには、どこに行けばよいのでしょうか？		・既習の知識を新しい状況に適用する。 ・理解と共感をもって聴く。 ・責任あるリスクを取る。

生物のプロジェクトを「共創」する

高校の生物教師であるクレイグ・ガスタウアー先生が、生徒と共創して学習プロジェクトをつくる方法について例を挙げて説明してくれました。**表5－4**に示すようなプロセスをたどりながら、問いに基づいて展開される彼の実践を見ていきましょう。

このプロジェクトは、生徒が学習課題に取り組むことからはじまりました（ステップ1・訳者補記）。このとき生徒たちは、生命に必要とされる栄養素（炭水化物、脂質、タンパク質、核酸）について学ぶ準備をしていました。私は、生徒が学習内容を把握するために次のような問いを提示しました。

・何のためにこの内容を学ぶのでしょうか？
・この内容に関して、これまでにどのような議論が行われてきましたか？
・この内容に関連する世界レベルの課題には、どのようなものがあるでしょうか？

---

(12)　この表は、計画の柱となる学習計画とその発表の機会があえて空欄になっているのがポイントです。表の両端を意識しながらベストなものを創出していきます。

次の「ステップ2」で生徒たちは、大きな課題のなかの一つの問いに焦点を絞り、抽象的ではない具体的な問いを見つけるためにブレインストーミングをしました。当初は、問いを具体化するのに苦労していた生徒もいましたが、彼らの多くは、ほかの生徒のアイディアをもとに考えたり、私が用意した問いのリストに書き加えるといった形で問いについて考えられるようになりました。彼らが書いた問いの例は以下のようなものです。

・私がさまざまな炭水化物、脂質、タンパク質を摂取することは、高校生のアスリートである私の健康やパフォーマンスをどのように促進したり、よくない影響を与えたりしますか？

・アメリカでは肥満が蔓延しており、ダイエット商品の流行が後を絶たないため、一般の人々は何が健康的で、何が不健康なのかと混乱しています。さまざまな年齢層の人々が健康的な食生活を送るためには、どのような種類の炭水化物、脂質、タンパク質を摂取する必要があるでしょうか？　さらに、この知識に基づいて、さまざまな年齢層のための一般化しうる栄養計画はどのようなものになるでしょうか？

・世界中の飢餓に苦しむ人々が、健康に必要な炭水化物、脂質、タンパク質を供給する作物が育てられるようにするために、裕福な国々はどのような農業計画を進めるべきでしょうか？

また、次のような問いかけをすることで、生徒たちはさらに探究のための問いを増やすことができました。

・科学者たちは、この広い分野のなかで、どのようなテーマをとくに研究していますか？
・この幅広いテーマのなかで、あなたがもっと学びたいことは何ですか？
・この幅広いテーマのなかで、私たちの地域でとくに関心をもたなければならないことがあるとすれば、それは何ですか？
・この幅広いテーマのなかで、どのような側面を解決に導いたり、よい影響が与えられると考えていますか？

「ステップ３」として、生徒たちはそれぞれがもつリソース（五九ページの注を参照）を整理し、テーマや問題点、興味を引かれるアイディアなどにかかわる知識を確認しました。実は、焦点を当てて取り組む一つの問いやテーマを選ぶ前には、網羅的な情報収集に取り組む必要があります。一つの解決策になりそうなことを選ぶ前に、多角的な視点で見ることが求められるからです。

そして、ＩＣＴを用いてその結果を簡潔にまとめ、クラスメイトに対して情報源へのリンクを共有しました。以下は、「ステップ３」の情報収集・整理・発信の活動をしやすくするために用意された質問の一部です。

・この課題について、私たちがすでに知っていることは何ですか？
・この課題を本当の意味で理解するために必要とされる知識は何ですか？
・どのような解決策が試みられたのか、あるいは今取り組まれているものは何ですか？
・提案された解決策は問題解決に役立ちましたか？
・提案された解決策のなかに失敗したものはありましたか？

「ステップ4」において生徒は、自分の考えをまとめて根拠を示すために、収集した調査資料を分析・評価しました。情報をそのまま受け取るのではなく、情報源を評価する力を身につけることが重要です。そのため、このステップでは、信頼できる情報源と信頼できない情報源を見極めることに取り組みました。また、視点の傾向を把握し、学習したアイディアを組み合わせた新しい解決策を練りあげていくという作業にも取り組みました。

自分たちの調査を分析・評価するのに役立つ問いとして次のようなものがあります。

・あなたの情報源が信頼できるか否かは、どうして分かりますか？
・どの資料が、あなたの探究に対する答えや解決策を提案するのに役立ちますか？
・あなたの探究において、初めの段階での考えとは異なる、あるいは対立する視点を支持している資料はどれですか？

・どの資料が、自分の立場を見直すきっかけになりましたか？
・複数の異なる研究によって結果が検証されている資料はどれですか？
・結論を裏づけるための引用文献が十分ではない資料はどれですか？

最後の「ステップ5」では、生徒たちは自らの取り組みの発表対象を設定し、プレゼンテーションの形式を選択しました。つまり、自分たちが生み出した議論に対してもっとも関心があり、当事者でもある対象を明確にし、その対象に対してメッセージを伝えるためにもっとも効果的な方法を考えることです。

特定の対象に焦点を絞ることは、(13)議論を構築するために収集された資料に基づいてどのようなメッセージを伝えるのかということにも影響します。また、生徒たちには、さまざまな視聴者と実際に意見を交わしたりする機会がたくさんあるほうが望ましいです。というのは、それによって異なる視点をもつ人々と、本当の意味での意見交換ができるからです。そして、批評はもちろんのこと、同じ意見をもっている人たちの考えを聞くことを通して理解が深まるほか、生徒自身が本当の意味で理解していたかどうかを検証する際にも役立ちます。

(13)　要するに、一本調子ではなく、対象が受け入れられやすいように配慮をするということです。

生徒が対象者を設定する際、自分の考えやアイディアを発表するのに役立つ問いも用意されています。

・あなたの発表を聞く意味があるのはどのような人たちですか？　情報に基づいた意思決定をするために必要とされる情報が手に入らず、あなたがこれまで学んできたことを聞くことで恩恵を受ける人がいるとしたら、それは誰でしょうか？

・対象者は、あなたの発表に対してどのような反論をする可能性があるでしょうか？　相手の主張に対する弱点をどのように指摘すれば、自分の主張は受け入れてもらえるでしょうか？

生徒が夢中でプロジェクトの開発に取り組むようになるための方法

世界は、曖昧で、厄介で、複雑な課題であふれています。教師である私たちの仕事は、解決不可能に思える課題をより小さなステップに分解したり、生徒が知らない語彙を分かりやすい言葉で定義し直したり、混沌とした探究を、教師があらかじめ用意した指示によって順序立てて学べるように転換することであり、生徒が取り組んでいる課題でうまくいっていない部分を削除してしまうことではありません。

私たち教師の目的は、生徒の学びを勝手に狭めたり、変更したりすることではありません。むしろ、生徒が自ら仮説を検証したり、うまくいかないときは代替案を見つけ、**五感で情報を収集する**ためのサポートをしながら、生徒たちが探究のなかで悪戦苦闘するといった状態が望ましいです。

共創の段階における重要かつ難しい課題は、教師が生徒一人ひとりの探究心を注意深く支援するために見守ることです。そして、その探究には何らかの価値があり、重要なものであると、生徒とともに確認しておく必要があります。

生徒の探究は創造的で、より深い研究につながるものでしょうか？　なかには、すぐにしたいことや、どこに向かっているのかが明確になる生徒もいます。その一方で、「何をしたらいいか分からない」と言って、無表情な様子を見せる生徒がいます。

前者に対しての教師の役割は、生徒が最初に出したアイディアについて、唯一または最良のものであると決めつけるのではなく、さまざまなアイディアについて探究ができるように手助けすることです。後者に対しては、生徒が未知のものに対する恐怖を乗り越えて、さまざまな選択肢を検討するための手助けが必要となります。その選択肢は、教師が提案するのではなく、悩み抜くなかで生徒自らが発見しなければなりません。

問いをもち、問題提起をするという習慣は、教師が必要な指導をするための時間、教師がモデルを示す、生徒による振り返りの機会、という三つが十分に確保されれば時間とともに身につくスキルです。たとえば、「見える、考える、不思議に思う」というルーティーン(14)は、注意深く観察し、思慮深く解釈することを生徒たちに促します。とくに、次のような問いを用いれば探究のきっかけとなります。

「あなたには何が見えますか？」――生徒は、**粘り強く取り組み**、繰り返し画像や映像に戻り、新たな視点で見ることが求められます。

「あなたは、それについて何を考えますか？」――生徒は、自分の観察したこと、考え、疑問をほかの生徒や教師と共有しながら、お互いに**理解と共感をもって聴き**あいます。そして、自分の考えを変えてもいいということ、またお互いに影響しあうことに対してオープンでいられることの重要性を実感し、**柔軟に考えられる**ようになります。

「あなたは、何について不思議に思いますか？」――お互いに**問いをもち、問題提起をする**ことを通して、理解したいと思うことに対する好奇心が育まれます。

生徒たちが取り組む探究課題が発達段階に適している場合でも、教師がその難易度の幅を自由に設計して、あえて厄介な課題になるようにすることもできます。その際、生徒が取り組む問題の性質、探究の進め方の曖昧さ、問題を解決していくためにはより多くの情報が必要であることなどを考慮に入れるとよいでしょう。

課題を探究するために放っておかれることを生徒がどれほど望んでいたとしても、これまでの習慣に基づいて、生徒たちはつい教師に導いてもらえると思って待ってしまうものです。しかし教師は、生徒たちを探究のもがきから救い出さずに、彼らが自分で考え、学習する余地を残しておく必要があります。

グリーンウィッチ高校イノベーション・ラボにおける個別化された学習

グリーンウィッチ高校イノベーション・ラボのＳＴＥＭ（一五〇ページを参照）教師であるダナ・シュロッサー先生は、ブログ記事のなかで「個別化された学び」がどのようなものかについて説明しています。

「個別化された学び」とは、適切な質問をすること、さらに言えば、より望ましい質問がされることに焦点を当てた学びです。私たち教師が、「みんなは、すでにそんなことは身につ

(14)　ハーバード大学のプロジェクト・ゼロから生まれた思考ルーティーンの一つで、原語では「See-Think-Wonder」が使われており、『子どもの思考が見える21のルーチン』では「見える・思う・ひっかかる」と訳されています。協力者からは次のようなコメントが届きました。「デザイン思考とも通じる。まずは見て、感じて、十分な情報収集によってしか探究のきっかけは生まれない。何が鍵となる問いかを思考する習慣を身につけたい」

いているはずです」と生徒に迫ったり、生徒たちが「私たちは、そんなことはまだ学べる段階にない」と恐れてしまってはいけません。私たちは、単に決められた内容を教えるだけではなく、学習内容を「生徒が望む深さ」で理解できるように支援をするために存在しているのです。

イノベーション・ラボの教師として、生徒一人ひとりにそれを行っているわけですが、どの生徒も微妙に違うことに取り組んでいます。一つのプロジェクトであっても、四三（生徒数）のバリエーションがあるということです。

生徒から専門外のことを質問されたときは、私は覚悟を決めて「一緒に考えましょう！」と言っています。つまり、彼らをただ学ばせるだけではなく、「どのように学ぶのか」について学べるようにすることが大切です。

仕事の多くの場面において、生徒に何かを教えたい（話したい）という誘惑が私のなかに根深く存在していることに気づかされます。

そして、時には、つい口が滑ってしまうこともあります。しかし、そのような場合でも、生徒がつくったり、生徒自身が考え出したものを見て、その取り組みをいかす別の方法やアプローチが考え出せるように、簡単な言い回しや別の表現を用いるように私はしています。

［参考文献28］

粘り強く取り組むことを学ぶ

生徒との関係性のなかでは、これまでとは異なる役割を教師が演じる必要のある場合、「生徒が不快感をもつ」ということに対して慣れる必要があるかもしれません。学習のはじまりが生徒の期待値を下回るものになったり、生徒たちが心配そうな表情を浮かべていたり、目に見えて分かるような動揺があるといった場合もあるでしょう。このような状況のなかで生徒に何ができるのか、曖昧さに直面したときにどのような傾向があるのかについて見極めるために、教師にはひたすら待つ必要があります。

このような学びの場に生徒を慣れさせるというのは、決して容易なことではありません。生徒が迷っているときには、アドバイスをするのではなく、生徒の**考えが明確になる**ように以下のような問いを投げかけてみてください。

・○○と言ったときですが、あなたはどういう意味合いのことを伝えようとしたのか教えてくれませんか?
・あなたの考えについて、もっと詳しく教えてください。
・それを言うとき、あなたは何を想定していますか?
・本当に、どちらか一方だけが答えなのでしょうか?　この問いについて考えるとき、さまざまな「正解」や「考え方」があるという可能性はありせんか?

これらの問いかけですが、生徒が言わんとしていることにしっかりと焦点が合っていることに注意をしてください。教師の役割は、対話や図解を通して生徒自身の考えを明らかにしたり、より明確にすることなのです。

ビジュアル・ノートテイキングで思考を前進させる(15)

本書のために特別に作成された以下の解説では、メイン州のマウント・ブルー高校の英語教師であるダン・ライダー先生が、彼自身と生徒の**考えを明確にする**ためとして、スケッチ・ノートテイキング(ビジュアル・ノートテイキング)の利用方法を紹介しています。

私は、何も書かれていないノートパソコンの画面を見つめているティムの隣に座りました。

「どのくらいその画面を見ていたの?」

「一〇分くらいかな? 僕はどうすればいいと思う?」

「ノートパソコンの蓋を閉めましょう。……さあ、これまでに考えてきたことを私に教えてください」

ティムの話を聞きながら私は、四×六インチ（約一〇×一五センチ）の、罫線なしのカードに彼の話をスケッチしていくことにしました。いたずら書きとキーワードが混ざったそのカードに、彼のアイディアがどのようにつながっているのかを示しました。また、彼の考えが絵と線だけで理解できるようにもしました。

アイディアを表す電球、キーワードを囲む枠線と網掛け、リストを強調するための数字、親しみを感じてもらうための棒人間や絵文字など、彼が知っているシンプルな略語や記号を使いました。そして、それを授業でも使用するように、と伝えました。

徐々に彼の説明が上手になるにつれて、カードを追加したり、片面だけが見えるカードデッキをつくり、そのカードを横に並べたり、組み合わせたり、シャッフルしたりと、その時々に合った方法で使えるようにしました。

私は、追加の問いをティムに投げかけたり、いくつかの異なる可能性を提起したり、一つか二つのスケッチノートを作成することもあります。しかし、毎回、私が意図していること

(15)　ビジュアル・ノートテイキングとは、文字と絵を組み合わせた記録です。ビジュアルノートだからといって上手に絵を描く必要はなく、記録者自身が理解できる表現でいいです。日本では「グラフィックレコーディング」の名称で広がりつつあります。『はじめてのグラフィックレコーディング』を参照してみてください。

は変わりません。ティムの視点と思考を捉えて、それを彼が振り返れるように伝えていくだけです。

彼が話し終えたら、私はすべてのカードを写真に撮ります。ティム自身にも、写真に撮ってもらいます。そして、この作品集にタイトルを付けてもらいます。私は意図的に三×五インチ判のカード（L版の写真用紙大）を渡し、彼がこのプロジェクトを考えるときに思いついた言葉をすべて挙げてもらうことにしました。すると、罫線のないスペースに二〇ほどの言葉が並びました。

この場合、A４判の紙では大きすぎます。スペースが埋まらず、自らの思考が十分ではないように感じられてしまうのです。また、意見も中途半端なものになってしまいます。その代わりに、きちんとした成果物コレクションがある状態にしました。

私は彼に、「三つか四つの単語を組み合わせたり、混ぜてみれば」と言いました。そして、「その言葉の組み合わせのリズムを感じてみるように」とも言いました。すると、五回くらい繰り返したとき、それがうまくいきました。

「わー、それだ。それが僕の取り組みたいテーマのような気がする！」

「いいぞ。それぞれの言葉に点をつけて、どれを使ったか思い出せるようにしよう」

「点じゃなくて、丸で囲むのはどうかな？」
「いいと思うよ」

これら三×五インチの罫線のないカードは、輝かしい、まるで奇跡とも言えるような存在となります。白いスペースを十分に活用して、落書きやスケッチ、リストや地図などを書き入れ、ひと回り大きな四×六インチのカードと姉妹のような役割を果たします。このようにして、生徒たちは行き詰まりを解消するための方法をいくつも発見していくのです。

以前から私は、課題や提出物に苦労している生徒の実態をより良く理解するためには、一対一のカンファランスが大きな役割を果たすと思っていました。しかし、カードに記録するといった方法を学んだおかげで、口頭によるカンファランスから視覚的に理解しやすいものへと変わりました。つまり、一方的に教える講義からともに学ぶというスタイルに変わったおかげで生徒から共感が得られやすくなったのです。

行き詰まりを解消する

行き詰まったときにどうしたらいいのか分からず、イライラするような状況、つまり前進できずにいるとき、**表５－５**に示すような振り返り指標を使えば、どのくらい学習に**粘り強く取り組み続けている**のかについて自分自身で振り返ることができます。

表５－５　粘り強く取り組むことに関する生徒の振り返り指標

私が行き詰まったとき				
まだはじまっていない	**はじめたばかり**	**できるようになりつつある**	**上手にできている**	**洗練されている**
諦めて、取り組むのをやめる。	助けを求める。	以前うまくいった方法を試してみる。	これまで取り組んできた方法がうまくいかないときは、思い切って違う方法に挑戦する。	何がうまくいくのかをよく観察し、次に行き詰まったときにそれを使えるようにする。

たとえば、初めて自転車やスケートボードに乗れるようになったときや、レシピを見ながら料理ができるようになったときなど、難しい課題に**粘り強く取り組んだ**結果、達成できたという経験を生徒たちは思い出すかもしれません。

誰にでも、達成するために真剣に取り組んだという経験があるものです。生徒たちが振り返る必要があるのは、さまざまな成功がどのようにしてもたらされたのか、というプロセスです。

人々のなかには、課題からわざと遠ざかって、ほかのことをしている間にその課題が変化するのを待って、行き詰まりを解消しようとする人もいます。また、センタリング（自らの心身の中心に立ち戻るプロセスを重視したマインドフルネスの呼吸法）や、呼吸に意識を向けるといったマインドフルネスのエクササイズをする人もいますし、カレンダーに目標を書いて、その目標に到達できるように毎日小さな目標を設定して、それらを積みあげていくという人もいます。さらに、今あるアイディアをより明らかにしようと、スケッチノートなどの視覚的な表現と組み合わせて、話し合うことに価値を見いだす人もいます。

しかし、すべての生徒が認識しなければならないのは、これまでにもさまざまな困難を何とか乗り越えてきたという事実です。必要なのは、その状況で役立ちそうな方法を考えることです。それは、自信、能力、そして学習内容についての知識を深めていくことであり、自らの歩みを自分自身で切り開いていく方法ともなります。

成長マインドセット(16)を取り入れたコーチング

教師は、生徒の取り組みを修正、編集、改善すると同時に、それを生徒が建設的で教育的な批評として受け止められるようにするという難しい指導現場に直面しています。もし、教室が成長マインドセットを基調としたものになっておれば、生徒は**常に学び続ける**という**思考の習慣**を練習しているため、フィードバックを素直に受け入れるといった傾向があります。

---

(16)　一六六ページを参照。『オープニングマインド』や『生徒指導をハックする』でも、この成長マインドセットを育む具体的な方法が紹介されています。

教師が生徒の考えを明確にしようとするとき、まちがいを正したうえ、誤った考えやアプローチを「修正」するための直接的な指導を行いたいという衝動に駆られることがあります。しかし、まちがいを正したところで、生徒の理解力やより良いパフォーマンスが発揮される力が高まるわけではありません。

ダグラス・フィッシャー（Douglas Fisher）とナンシー・フレイ（Nancy Frey）は、まちがいの性質を捉えたうえで、まちがいを正すための最適な方法を生徒自らが判断するように、と提案しています［参考文献12］。

「事実レベルのまちがい」（正確に思い出す能力と関係します）は、「活用レベルのまちがい」（新しい状況において、すでにある情報を応用する能力と関係します）とも、「概念レベルのまちがい」（提示された情報に基づいて一般化する能力と関係します）とも異なります。生徒と一緒になってまちがいについて話し合い、一緒に分析する教師さえおれば、生徒はフィードバックを受けるという受動的な存在ではないと理解するようになります。そして、学習プロセスそのものを、魔法のようにコントロールできないものとしてではなく、海を航海する船のようにコントロールできるものと感じます。また、特定の課題に縛られるのではなく、継続的なものであると認識します。

生徒が考え方や取り組み方のまちがいを理解し、より良く修正するといったステップが踏めれば、次の取り組みにおいてはより準備が整った状態で臨めるはずです。このプロセスが十分に機能するためには、まちがいを分析するプロセスのなかで、生徒を導くための言葉かけやきっかけを与える必要があります。(17)

フォローアップのための授業やカンファランスの一環として、生徒がどこで行き詰まっているのか、どのようにしたら教師がもっと手助けできるのかについて理解する必要があります。生徒が苦手としているのは学習内容に関する目標でしょうか？　それとも、学習プロセスに関する目標でしょうか？　そうではなく、心構え（主には姿勢や態度）に関する目標でしょうか？

二年生のクラスで数の感覚と位取りについて学んでいる様子を例として挙げましょう。

それぞれの生徒のために、教師が個別化された問題を作成することがありますが、それらの問題は、最終的には同じ目標を達成するためのものでなければなりません。そして、一人ひとりの生徒に対して最適な指導を行うためには、生徒が次に挙げる各項目においてどのような立ち位置にいるのかを知る必要があります。

---

(17)　まちがいや失敗の捉え方については、『あなたの授業が子どもと世界を変える』が、まちがいの分析やフィードバックの仕方については、本文で紹介されているフィッシャーとフレイが著した『「学びの責任」は誰にあるのか』（二〇四～二二一ページ）が、生徒を導くための言葉かけやきっかけを与えることについては、『言葉を選ぶ、授業が変わる！』と『オープニングマインド』がおすすめです。

学習内容の目標——位取りを使った数の表現と比較ができること。一〇〇〇までの数を数えられること。奇数と偶数の概念について理解があること。数字の組み立てと分解ができること。

学習プロセスの目標——具体的なモデルや絵などの表現を用いて、自らの考えが説明できること。

心構えの目標——**既習の知識を新しい状況に応用する**姿勢が身についている。**明確に考え、正確に伝える**準備ができている。

教師は、生徒の取り組みをもとにした観察記録を作成し、これら三つの領域において追加のサポートを必要としているのかどうかについて記録し、さらに必要とされる支援がどのようなものであるのかについて記録しておくべきでしょう⁽¹⁸⁾。

次の段階に移行するための学びに焦点を当てる

では、生徒が到達目標に達していると感じたらどうすればいいのでしょうか。そのときには、学んだことを振り返るための支援が大切となります。そうすれば、**既習の知識を新しい状況に適用する**といった習慣が身につくようになります。

生徒たちが自分の学びの道のりを振り返るときには、**図5-1**（次ページ）に示したように、一つ一つの段階を示し、意識するべきところを示すというのが支援となります。それは、**自分の考えについて考える（メタ認知）**習慣を身につけ、強化し、応用することにもつながります。また、学びを新しい状況で応用する際に非常に重要な役割を果たします。

「メタ認知の階段」を共有するというのは、貴重な振り返りと興味深い話し合いを呼び起こす方法となります。実際に生徒がプロジェクトに取り組んでいるとき、どの思考法を使うかを考えたり、自分の思考を評価したり、その思考法をほかに応用することなどについて考えているでしょうか？　そして、各段階の説明は、生徒が自問自答する際に役立つものとなっているでしょうか？　もし、そうでない場合は、それぞれの段階を生徒自身の言葉で説明してもらうようにするとよいかもしれません。

それに加えて、振り返りのジャーナルを書くとしたら、その際の問いとして次のようなものがあります。

・プロジェクトを完成するために、どのような思考法を使いましたか？

(18)　これは、教員研修や教員養成課程にかかわる人もすべきことですが、果たしてどれだけ行われているでしょうか？　おそらく、教師がモデルを見たり、自らが体験したことからしか実践が変わらない状況を考えると疑問です。下のＱＲコードの二つ目の表をご覧ください。

図５−１　メタ認知を鍛えるためのプロセス

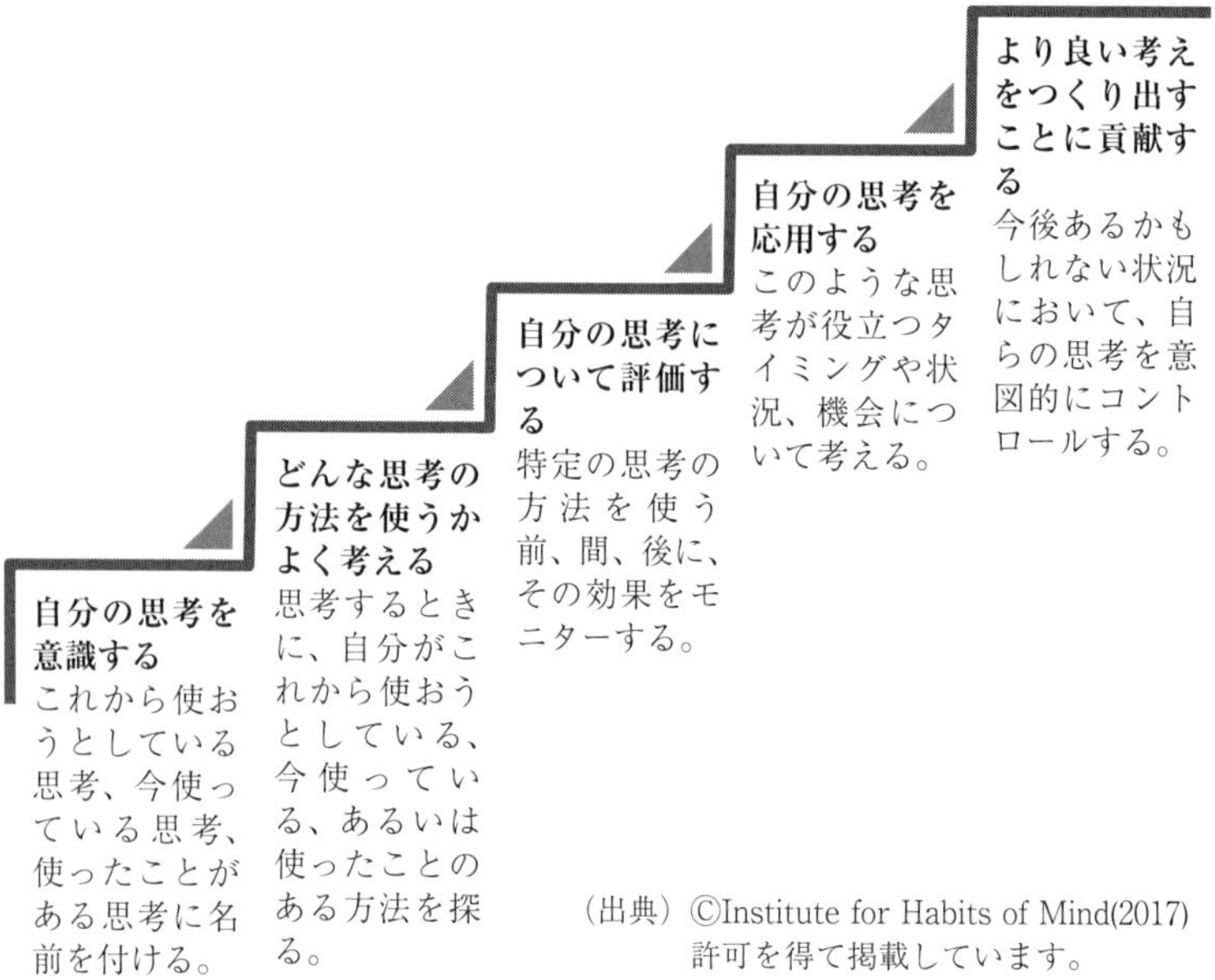

自分の思考を意識する
これから使おうとしている思考、今使っている思考、使ったことがある思考に名前を付ける。

どんな思考の方法を使うかよく考える
思考するときに、自分がこれから使おうとしている、今使っている、あるいは使ったことのある方法を探る。

自分の思考について評価する
特定の思考の方法を使う前、間、後に、その効果をモニターする。

自分の思考を応用する
このような思考が役立つタイミングや状況、機会について考える。

より良い考えをつくり出すことに貢献する
今後あるかもしれない状況において、自らの思考を意図的にコントロールする。

（出典）©Institute for Habits of Mind(2017)
許可を得て掲載しています。

・自分の作業を終わらせるために、どのような思考法を取り入れましたか？
・あなたの思考法はどのくらい効果的でしたか？　また、その理由は何ですか？
・いつかまたこのようなプロジェクトをやるとしたら、あなたの思考法をより効果的にするために何を変える必要がありますか？　また、変えたくないところはどこですか？
・この思考法は、ほかのどのようなプロジェクトで役立ちそうですか？

「個別化された学び」を指導するために

このチャレンジの背後にある個別化された学びを行う意義について、説得力のある理由を強調しましょう

やりがいがあり、かつ価値のあるものを生み出すためには苦労がつきものである、といったことは大いに予測できます。生徒は、確かな情報を得ること、自らのスキルを磨くこと、使っている言葉を分かりやすくすることに行き詰まりを感じる場合があるでしょう。最終的なパフォーマンスにおける目標を、継続して生徒が見直すようにしましょう。

・どのような目標や関連するコンピテンシーを目指しているのでしょうか？
・彼らは、学びという旅の、どの段階にいるのでしょうか？

絵を描いている最中の画家を例として挙げましょう。

画家は目の前の作業を少し離れたところから眺めて、自らが今どの段階にいるのかを評価して、先の見通しを立てます。そして、次の段階へと進んでいくために、身を乗り出して再び描きはじめます。

一人の人間として生徒に接しましょう

理解と共感をもって聴きましょう。 生徒は、どのような状況に置かれているのかが分からず、いら立ちを示したり、不満を吐き出したいと思う場合があるでしょう。また、アイディアを探して、あちこち歩き回ることもあります。そして、大抵の場合、誰かが自分に意識を注いでくれていると感じると落ち着きを取り戻します。これは、結論に到達したり、次の段階に進むために必要なことです。

教師が生徒の話をしっかりと聴けば生徒は問題の解決ができる、と強く信じてください。生徒の話をよく聴くという行為には、立ち止まって考える時間を与えることや、生徒の言っていることを理解していると示すために言い換えること、そして生徒の考えを明らかにするための質問をするといったことも含まれています。

時間はとても重要であると覚えておきましょう

期限を守ることやタスク管理は大切なスキルです。その分野の専門家、生徒、保護者、教師によってすでに「試された」さまざまな期限の守り方やタスク管理に関連した思考のツールを生徒に提供しましょう。そして、ツールの選択が、プロセスや全体的な結果にどのような影響を与えたのかについて、生徒からフィードバックをもらいましょう。

これは、学び手として、生徒にとって何が有効かを深く考えることにつながりますし、生徒の自己理解を深める重要なポイントとなります。

まとめ

従来の伝統的な教室のあり方から「個別化された学び」に移行する場合、それがどのように見え、聞こえ、感じるのかといったイメージをもつだけでは十分ではありません。生徒を一人のトータルな子ども（一六五ページの注を参照）として捉えるという一貫した視点が必要です。

教育コンサルタントのマイク・アンダーソンが次のように示唆しています。

「生徒たちが多様な取り組みに熱中しているとき、生徒たちの調子について、チラッと見るだけで把握することは難しいものです。より多くの注目を、生徒たちに注ぐ必要があります」〔参考文献1・邦訳書『教育のプロがすすめる選択する学び』二三一ページ〕

だからこそ本章は、「個別化された学び」とはどのようなものかについての教師の観察からはじまっているのです。その後、子どもを一人のトータルな子どもと捉えられるようにデザインされた教室について述べ、さらに生徒が自ら主体となって進める学習に焦点を当ててきました。また、学習過程での振り返りの必要性に重点を置いて、本章での物語がしっかりと伝わるように書いてきたつもりですし、それぞれの段階における現場での事例やストーリーを紹介してきました。

信じてください！　この分野は日々成長を続けています。毎日、より多くの事例が生まれています。生徒の多様化に対応しなければならないという危機感と、現在利用できる革新的なテクノロジーが組み合わさって、「個別化された学び」(19)は選択肢の一つというだけではなく、もっとも確実に効果が得られる取り組みとなっているのです。

(19)　協力者から次のようなコメントが届きました。「ＩＣＴが紙の代替で止まってしまってはダメなのですが、次のステップ（共同編集など）を指導できる教師がどこの学校にもいるという状況ではありません。テクノロジーを使うことによって授業の手順や方向性が大きく変わります。それを理解できない人がボトルネックになってしまっていて……という感じです」

第6章 フィードバックで生徒の学びを促進する

　本書を読んでいるあなたは、生徒が世の中で立派に生きていけるように準備をしたいと思っている教育者の一人でしょう。また、あなたは、変化を起こすために何が必要かを生徒に理解してほしいと願っていませんか。問題への取り組み方、分析方法、解決方法について学んでほしい、そしてより良く成長を続けるために、努力を怠ることなく、一人ひとりがもつ最高の潜在能力を発揮してほしいと願っていることでしょう。

　バレリーナのスタミナ、優雅さ、エレガンス（あるいは作家、靴職人、アスリート、そのほか成功したプロフェッショナルの業績）の陰には、職人技、熟達すること、修練することなど、並外れた結果を生み出しながら効率的にエネルギーを使うといったことを強く求めるという思いがあるはずです。さらなる成長を続けるために努力を怠らないという人はプロセスを大切にしており、時間をかけて自らが取り組んでいることに磨きをかけていきます。

彼らは、自分が目指している高い到達目標、大切にしているモデルやビジョン、そして完成した作品がそれらの基準に合致しているのか、またはそれを超えているのかを確認するために、常に見直しを行っています。

教師として、すべての生徒が広い世界でこのような基準を十分に達成することは保証できません。しかし、さらなる成長を続けるという前向きな試行錯誤において不可欠となるプロセス、すなわち成長するために必要となるフィードバックの活用法をすべての生徒に紹介することであればできます。本章では、この点に焦点を当てて考えていくことにします。

フィードバック——「個別化された学び」の環境において成長が促進される

本章では、「個別化された学び」を定義する四つの重要な要素に焦点化して考えることで、フィードバックの実践と価値についての探究をはじめていきます。

声——フィードバックの提供の仕方と受け取り方を学ぶことは、クリティカルな（三三ページの注参照）視点を養うことにつながります。生徒は、自分たちの取り組みのプロセ

表６－１　フィードバックと関連する思考の習慣

重要な要素	生徒と教員の役割	関連する思考の習慣
フィードバック フィードバックは、どのように成長を促進するのか？	生徒は、作品／パフォーマンスを作成し、テストし、改良するために、対象からの継続的なフィードバックを求めて、それを使いこなします。 教師や対象者（例：クラスメイト、家族、問題の当事者や専門家）が、確立された評価基準に基づいて具体的で実行可能なフィードバックを提供します。	・理解と共感をもって聴く。 ・常に学び続ける。 ・自分の考えについて考える。 ・互いに協力しあう関係で考える。

スや作品に関する研究を通して、できあがった作品の評価や判断をする前の段階において、自らの取り組みについて説明し、観察するといった能力を養っています。また、高い到達目標を満たしている作品に対しても、より良い批評家であろうとするために、自分の声をもつための方法も学んでいきます。

その結果、生徒たちは、「この描写は、作者が言いたかったことをどれだけ表現していると思いますか？　これは、作者の視点や意見がどのように反映されていますか？」といった鋭い質問を投げかけるようになります。

彼らは、誰かに質問をしているつもりで、実は気づかないうちに自分自身に対しても同じ質問を投げかけているのです。

共創――作品の評価基準の定義を明確にするために、教師と生徒は一緒に考える必要があります。教師、クラスメイト、または取り組んでいる探究分野の専門家と一緒につくりあげてもいいでしょう。グループよりも一人で作業することを好む生徒がいるかもしれませんが、自分以外の人からのフィードバックをもらうことが、探究のプロセス、作品、そして学びをより深めるために役立つかを知るべきです。

他者との共同構築――挑戦的なやりがいのあるプロジェクトには、多くの思考を必要とします。そのような取り組みを行う場合、生徒は自分の考えをほかの人の考えと比較したり、ほかの人が提供してくれるかもしれないフィードバックを受け入れる必要があります。そうすれば、対象者に対してもっとも好ましい発表を行うことができます。

自己発見――フィードバックの主な目的の一つは、生徒に新しい見方を提供することです。つまり、それは、当事者である生徒の作品に対して、気づきやほかのアイディアを提供することです。生徒があるプロジェクトに集中して取り組むと、自らのアイディアに夢中になってしまう場合がよくあります。効果的なフィードバックは、そのように没頭している状態から一歩引くことを可能にします。そうすれば、改めて違う視点から見られるように

なります。もし、それが起こったときには、生徒自らの長所や継続的な成長と学習のために、集中すべき領域について気づいていくといった様子がうかがえます。(1)

教育的なコーチングとしてのフィードバック

アマチュアのバイオリニストであるベナ（著者の一人）の夫は、六〇歳を過ぎてから再びバイオリンのレッスンを受けることにしました。

「時代が変わり、バイオリンの教え方もまちがいなく変わっています」と、彼は自らの観察をもとにして述べています。「私が子どものころは、先生が『アッ！　それはあんまりいい音じゃないなぁ』と言うだけでした。でも、今の先生は、『あなたは音を出す練習に取り組む必要がありますね』と言います」

(1)　協力者から「ここまでの内容を教科として考えることは難しいという教師がほとんどではないかと思います。ですが、総合的な学習でイメージすると比較的イメージしやすいと感じます」というコメントが届きました。教科指導（とくに、国算理社英）をアンタッチャブルな状態に置き続けないアプローチを、http://wwletter.blogspot.com/2023/02/sel.html などで見いだすことができないでしょうか？　それこそ、自分を教科書の僕（しもべ）と位置づけるか、生徒の僕＝共創者＝知の共同構築者と位置づけるかの選択かもしれません。

何を練習すればいいのかが理解できると（そして、レッスンで生徒たちにどのように取り組めばよいのかまで教えてもらえると）こんなにも違うんだ、ということに驚きました。もし、生徒がもっとよい文章を書けるようになりたいと思っている場合、生徒が書いた作品の一番上によい点数を書いて、ただ「よくできました！」とコメントするだけでは何の役にも立ちません。

一方、読者に伝わる文章になっているかどうかを指摘したり、読者の興味を引くためのテクニックがどこで使われているのかを示したり、例を加えることで文章がより理解しやすくなるといったコメントをすれば、よい書き手になるための道筋が明らかになります。

フィードバックは、即時に、**明確かつ正確に述べられている**必要があります。また、建設的で、取り組みの目標に関連していて、実行可能であることも必要です［参考文献19、34］。クラスメイト、教師、メンター（信頼のおける先達や教師以外の指導者）、その分野の専門家からのフィードバックであろうと、生徒には、自分の取り組みが今どの段階にあるのかということと、その現状とあるべき姿のギャップを明らかにし、埋めるための方法を示さなければなりません。

生徒は、さらによくなるための成長過程にいるということを十分に認識したうえで、**正確さと精度にこだわる**といった習慣を身につける必要があります。

個別化された学びの環境では、生徒と教師との関係性の大部分において、ていねいに設計されたフィードバックを通した、生徒一人ひとりを導くためのコーチング（三二一ページの注を参照）が土台となります。そのような関係性を構築するためには、方向性を示すためのよい問いが必要となります。

生徒は、プロジェクトを進めていく過程において自らの問いを立てる方法を学ぶ必要があります。そして、教師の存在は、生徒にとって、**問いをもち、問題提起をする**ための心強いモデルとなります。(2)

さらに生徒は、定期的に取り組みを見直せるための、タイミングのよいフィードバックを必要としています。生徒と教師との関係性を構築するもう一つの側面は、生徒の学習と成長を後押しするために教師が生徒の思考に耳を傾け、生徒の目標や知的および感情的発達段階に配慮した建設的な批評を与えることです。

このような深い内容のフィードバックを提供する教師と生徒との関係においては、挑戦と欲求不満というバランスに配慮する必要が出てきます。学習における試行錯誤が生産的だと感じられれば、生徒は諦めたくなるような**衝動的な言動をコントロールし、粘り強く取り組む**ようになり

---

(2) よい質問とそのモデルを示すことに関しては、『言葉を選ぶ、授業が変わる！』、『オープニングマインド』、『たった一つを変えるだけ』、『だれもが〈科学者〉になれる』などがおすすめです。

ます。一方、自分自身の手には負えないと感じている場合は、教師が介入して支援をする必要があります。

残念ながら生徒は、失敗を恐れてしまうあまり、**創造的に考えて、想像力を働かせ、イノベーティブ**（七ページの注を参照）**な考え**を生み出せないといった場合がよくあります。また、しばしば、クラスメイトに笑われるのではないかとか、自分の力量以上のことをやろうとしているのではないかという不安や心配事を口にする場合があります。誰もが経験しているように、心の中で「これは悪いアイディアではないのか？　もしかしたらうまくいかないんじゃないか？」と思ってしまうわけです。

万が一失敗しても大丈夫と感じられるようなセーフティネットがないと、既成概念にとらわれることなく自信をもって考えることは難しいでしょう。そのため、教師も生徒も、これまでとは異なる新しい「振る舞い」が必要となります。

生徒たちは、簡単には出ない問いに対する答えを追究するための、曖昧さや不確実性を受け入れる方法を学ぶ必要があります。また教師は、問題の解決方法を教えるのではなく、問題の中身について考えるように生徒を支え（コーチし）なければなりません。

信頼できる誰かが率直で建設的なフィードバックを提供し、思考を深めることができれば、何か新しい課題に挑戦するときに生徒はより**粘り強く取り組み**続けます。**責任あるリスクを取ると**

いうのは、学びがいのある対象に自ら身を投じることを意味します。それは、新しいことに飛びこむ前に、**自らの考え方について考え**、チャレンジすることやその方法について学ぶということです。

責任あるリスクを取る状態を後押しするためには、教室の文化が何よりも重要となります。生徒自身が成績やテストの点数が低くなることを恐れているようであれば、チャレンジという選択肢をとる可能性が低くなります。そして教師は、個別化された学びへの取り組みに成績はつけたくないと思いながら、同時に成績を要求するシステムに向きあわざるをえないというジレンマに陥ってしまいます。

このような場合、第3章（七三～七八ページ参照）で提案したコンピテンシーベースのシステムを採用すれば、学習内容に関する知識を証明するという責任から、より長期的なスキルの実証や思考のための心構えの育成などといった指標に切り替えられます。

オンラインでのフィードバックを活用

フィードバックが前向きな成長を促進する、という点を生徒に理解してもらうことができたなら、オンライン上でフィードバックを受け取る準備が整ったことになります。**他者との共同構築**

と**互いに協力しあう関係で考える**可能性をより広げられるたくさんのツールがあります。ここでは、多くの教師がすでに使っていて、あなたも自分の選択肢に加えたいと思うであろうツールをいくつか紹介します。

①ビデオ会議

スカイプやグーグル・ミート、そして最近はズームといったツールは、参加者同士の様子が実際に分かるほか、身振りや手振り、顔の表情を見ながらコミュニケーションができるので、対峙している状態に近くなります。

もちろん、相互のやり取りができますし、会話がしやすく、生徒たちがグローバルにコミュニケーションをとることが可能となる素晴らしい方法です。

②音声でのコメント

ビデオ会議よりも短い時間にはなりますが、ボクサー、ボイススレッド、カイゼナ(3)などのツールを使っても参加者はやり取りが可能です。取り組み中の特定のタイミングで、フィードバックを提供してもらいたいと思ったときに利用するとよいでしょう。また、取り組みが完成したことを示す条件として提示するとうまくいくかもしれません。

③書面によるコメント

マイクロソフト・ワードの「変更の記録」の機能や、グーグル・ドキュメントのコメント機能などといったツールを使えば、フィードバックを提供する側が教師であれ、クラスメイトであれ、その分野の専門家であれ、コメントや提案をデータに残すことができます。

また生徒が、自分の取り組みに対するフィードバックを書面にして残しておく場合にも役立ちます。

以上のように、非常に多くのツールが利用可能です。重要なのは、状況や必要性に応じて最適なツールを選んで活用していくという姿勢です。

（3）　ボクサー（Voxer）は、短い声を送りあえるメッセージアプリです。ボイススレッド（Voice Thread）は、一つのスライド（絵や動画や文章）に対して複数の人がいくつでもコメントできるツールです。そしてカイゼナ（Kaizena）は、ＷｅｂベースのツールとｉＯＳアプリの両方があり、グーグル・ドキュメントなどのアプリとも連携できます。名前の由来は、日本語の「カイゼン（改善）」から来ています。音声でのフィードバックや文字でのフィードバックができるようになります。

フィードバックのスパイラルを回していく学習

ヘラクレイトス(4)の有名な言葉に、「誰も同じ川に二度足を入れることはできない」というのがあります。この言葉は、受け取るフィードバックの質にかかわらず、一度学び手が振り返りの流れのなかに入ると、決してそれまでとは同じ状態ではいられないということを私たちに教えてくれています。

図6-1に示すスパイラルは、フィードバックが学びの広がりをもたらし、またそれが繰り返されるプロセスであることを表しています。それぞれの段階でフィードバックのサイクルを循環させれば、学び手の取り組みに対してより深い理解がもたらされ、次の学習段階に向けたさらによい準備が整います。

ここに描かれているモデルでは、フィードバックの七つの段階と、各段階で学び手に起きることが示されています。学び手は、目標の明確化から目標の再検討に至るまで、途中で何度も立ち止まりながら、自分以外の人からフィードバックが得られるというさまざまな機会とつながることができます。

図6－1　継続的な成長を後押しするためのフィードバックのスパイラル

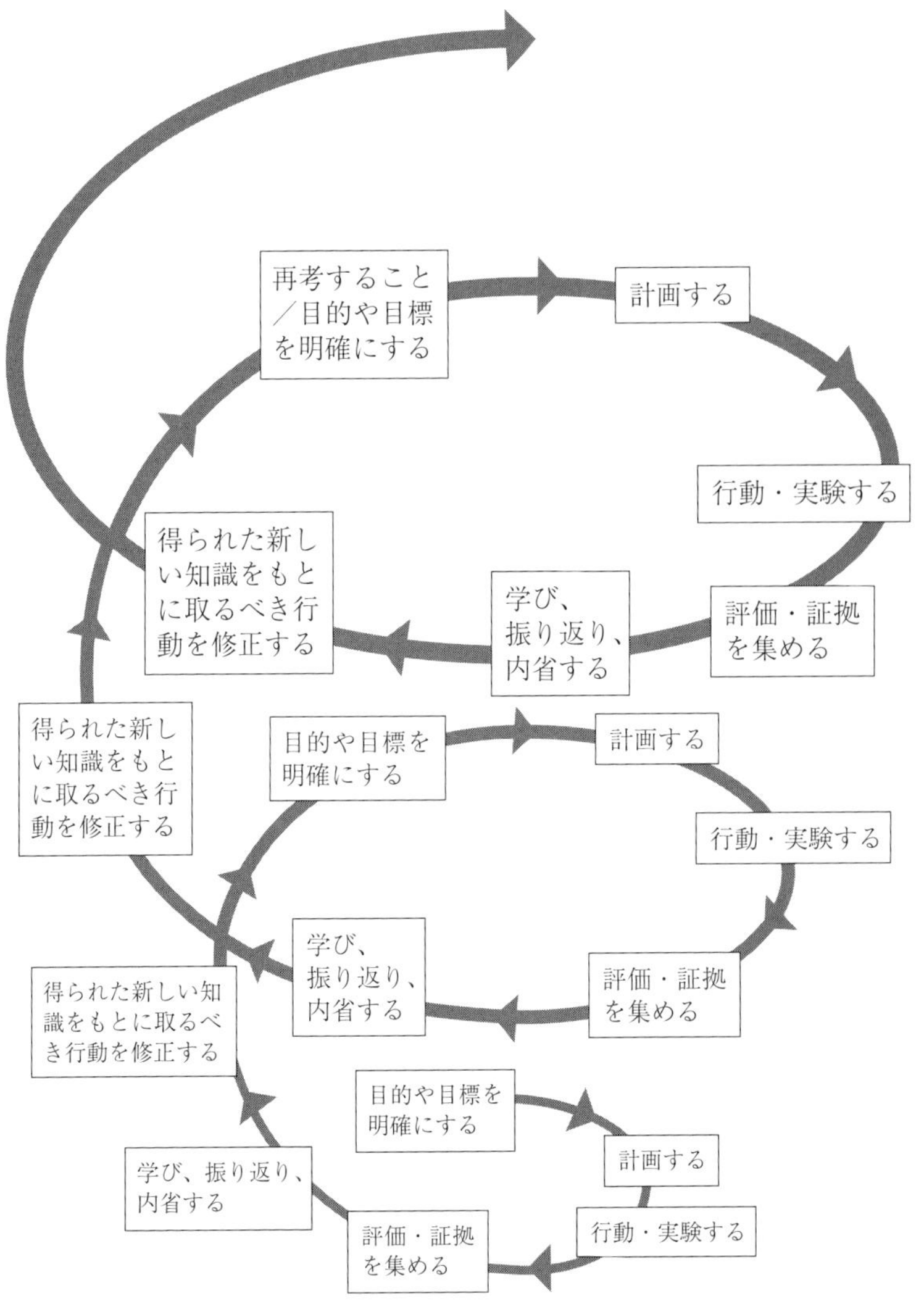

①目標や目的を明確にする

プロジェクトをはじめるにあたって、生徒にはそのプロジェクトの目的を明確にする必要があります。自分の考えを伝えるために、なぜこのテーマや形式を選んだのでしょうか？　たとえば、ある生徒は、子どもと医学の両方に興味があるために小児科についてもっと学ぶといった選択をするかもしれません。別の生徒は、何ができるかということに単純に興味があるから脚本を作成し、アニメーションを製作するという形式を選択するかもしれません。

生徒の声が、フィードバックの出発点になるとよいでしょう。つまり、教師は、一方的に自分が気づいたことを伝えるのではなく、生徒が目指している目標や目的に注意深く耳を傾ける必要があるということです。これは、教師主導の取り組みから生徒主導の取り組みへ移行するうえにおいて非常に重要な側面となります。

②計画する

プロジェクトを計画しているとき、生徒たちはよくフィードバックをほしがるものです。この段階では、時間管理、優先順位の設定、または専門家との連絡方法について質問をするという傾向があります。それゆえ、生徒が取り組みたい問いや挑戦について、教師自身が理解できていると確信するまではアドバイスを控えるべきでしょう。

たとえば、生徒が「アニメーションに興味がある」と言ったときには、あらゆる参考文献や情報、アニメーションの仕事をしている知人などを紹介したいという衝動に教師は駆られることでしょう。

その気持ちを押さえて、「とくに、アニメーションのどのような点に興味がありますか？」とか「アニメーションで表現することについて考えているみたいだけど、アニメーションに適したよい脚本を考えていくうえにおいて役立ちそうな過去の経験や体験はありますか？」などといった単純な質問をするほうがはるかにいいでしょう。つまり、生徒の**考えを明確にする**ための質問をするだけでいいということです。

同じような課題で悩んでいる生徒同士を取り組ませれば、**既習の知識を新しい状況に適用**して、これからの取り組みについて一緒に考えられる場合もあります。このような取り組みに教師自らが参加して、自身の経験を共有することもできます。(5)

(4)（BC540～BC480年頃？）古代ギリシアの哲学者。「万物は流転して何ものも留まらない」という言葉が有名です。

(5) 協力者から「ここ、すごく共感しました。私たち教師は『教えたがり』なので、つい子どもの探究を取ってしまうことがありますね」というコメントが届きました。

③行動・実験する

どのような大切な取り組みも、「まず、はじめる」という段階は恐ろしいものです。「私は正しい道を進んでいるのだろうか？」、「私たちは目標を達成できるのだろうか？」、「私の進み具合はどのような状態か？」といった疑問に対して、つい答えを知りたいと思ってしまいます。それだけに、生徒が気になっている問いに基づいてフィードバックを与えることが大切となります。というのは、プロジェクトの目標が、生徒自身が新たな気づきを得ることにあるからです。

生徒がそのような質問をするのは、自分のプロジェクトに不安や曖昧さを感じているからです。ピアジェ(6)によると、これは学習における初期の状態です。葛藤のなかで悩んでいる生徒を助けてしまうのではなく、クラスメイト同士がアドバイスのできる「大切な友だち」といったグループ(7)をつくる絶好の機会となります。また、学校の壁を越えて、メンターやほかの専門家に連絡をとるようにと生徒にすすめるのもよいでしょう。

いずれにせよ生徒は、**粘り強く取り組む**うちにそれぞれの課題を解決し、自分の取り組みに深い意味を見いだし、**他者と共同構築**することの価値を認識しはじめます。

④評価、証拠を集める

ルーブリック、到達目標、あるいは取り組みので**きばえ**を見つめ直すための基準に立ち戻るよい機会です。その目的は、生徒自らが取り組みを客観視する方法を学び、よりていねいに自己評価できるようになることです。また、必要なフィードバックの求め方が理解できるように支援することも大切となります。たとえば、フィードバックをもらうためのセッションに参加する際には、自らの取り組みについて何が課題になっているのかが分かるように、質問したい内容を事前に用意しておくようにします。

最終的な生徒の形成的評価が、生徒の自己評価をベースにして行われることが大切です。そして、クラスメイトからもらうフィードバックも同じく、生徒の自己評価に基づいて行われる必要があります。

⑤学び、振り返り、評価する

時に生徒たちは、自分たちがやってきたことを心の底から肯定的に捉えて、外部からのいかな

（6）（Jean Piaget, 1896～1980）スイスの心理学者。教育理論における構成主義、子どもの言語、世界観、因果関係、数や量の概念などの研究を展開しました。

（7）原書では「critical friends」となっています。フィードバックを生徒、教師、管理職などの個人、またはグループに対して提供する役割を指します。『増補版「考える力」はこうしてつける』は、その存在によって書かれた本ですし、本書の二四〇～二四一ページにそのやり方が詳しく紹介されています。

る意見や指摘も無視をすることがあります。また、修正の必要があったとしても、進んで取り組まない場合もあります。

フィードバックのよい受け止め方を学ぶというのは、よいフィードバックの提供の仕方を学ぶ場合と同じくらい難しいものです。受け取る側には、建設的な批評を受け入れるための時間が必要となります。締め切りに間に合わせようと急ぐあまり、提案についてじっくりと考えたり、その提案に基づいて行動するための十分な時間を生徒にはとれないといったことがよくあるものです。

⑥得られた新しい知識をもとにして取るべき行動を修正する

生徒たちがフィードバックに基づいて行動するとき、その瞬間は、彼らにとって強力な学習体験となります。しかし、取り組みを再検討し、修正するためには時間がかかります。

私たちが知っている英語教師（高校）は、フィードバックを受けて行動することがとても重要だと考えています。そのため、生徒が次回の修正時にどのようにフィードバックを利用して改善しているのかを評価しています。つまり、フィードバックを改善のためにどのようにいかしているのかという点を、大事な評価の観点としているわけです。

⑦目的や目標を確認して明確にする

生徒は、当初の目的が、プロジェクトの考え方や目的に沿ったものではなかったことに気づく場合があります。そのようなときには、目的や目標を再確認する必要があります。たとえば、アニメーションを学ぶことを目的にプロジェクトをはじめたという生徒が、いろいろなことを調べていくうちに、絵本に描かれている挿絵のほうが好きになるといったケースがあります。

ほかの例としては、現在取り組んでいるプロジェクトに複数の問いが投げかけられていることに気づき、そちらのほうに生徒の関心が移るといった場合もあります。[8] もちろん、それらのなかから、次に着手すべきプロジェクトが見つかることも十分にありえます。

---

(8) 協力者から「ここに寄り添うことが、とくに日本の文化では苦手な気がしています。『一度決めたことは放り出さず、最後まできっちりやりきるべき』という先入観が、子どもたちの学びを収縮させてしまっている場面をしばしば目にします」というコメントが届きました。これを乗り越えて、生徒たちが価値のある学びを獲得するための方法としてどのようなものが考えられるでしょうか? 『あなたの授業が子どもと世界を変える』や https://projectbetterschool.blogspot.com/2023/01/blog-post_15.html を参考にしてください。

一対一のフィードバック

一対一のカンファランス（一八ページの注を参照）は、学びのプロセス（と学び手）に対して大きな敬意を表した方法です。したがって、どのような環境でそれが行われるのかがとても重要となります。

お互いの声が聞こえ、集中できるだけの静けさが教室になければなりません。もし、教師が一人ひとりの生徒にフィードバックを提供するのであれば、カンファランスが行われる場所は、ほかの生徒が取り組んでいるところから少し離れたところが望ましいでしょう。

教師は、年度の早い段階から一対一で生徒とのカンファランスをはじめるべきです。なぜなら、そのこと自体が、年間を通してきわめて密度の濃いフィードバックの出発点となるからです。そして、学び手中心のカンファランスにすることによって、口頭、文章、オンラインであろうと、のちに大量にもらうことになるフィードバックを、生徒たちは受け取りやすくなります。

「ジョハリの窓」という効果的な手順

一九五五年に、二人の社会学者のジョセフ・ルフト（Joseph Luft）とハリントン・インガム

図６－２　一対一のカンファランスに役立つジョハリの窓

	自分は知っている	自分は知らない
他者は知っている	**開放の窓** 自分自身も他者も知っている自分についての情報	**盲点の窓** 自分自身は気づいていないが、他者は知っている自分についての情報
他者は知らない	**秘密の窓** 自分自身は知っているが、他者は知らない自分についての情報	**未知の窓** 自分自身も他者も知らない自分についての情報

（Harry Ingham）によって開発された、個人同士の理解を促進する際に使われるコミュニケーション・モデルがあります。⑼これは、二人の名前をとって「ジョハリの窓」と呼ばれるようになりました。

私たちはこのモデルを、生徒中心のカンファランスを維持する手順として活用することにしました（**図６－２**参照）。このような手順を使うことによって、かぎられた時間のなかであっても、柔軟でオープンな雰囲気のもと大切なカンファランスがスムーズに進みます。

カンファランスは左上の「**開放の窓**」からはじめ、フィードバックや問いかけをする側が、

（9）　このキーワードで検索すると、日本語でも大量の情報が得られます。

される側に対して次のような質問をします。

「あなたの取り組みの特徴を教えてください。どのような点に気づいていますか？」

「今回の取り組みのよい点は何で、改善が必要なのはどのようなところだと思いますか？」

「模範となるような作品にするために、あなたの基準に照らしあわせて、どのような点を改善したいと考えていますか？」

カンファランスでこのようなはじめ方をする目的は、自分の作品のどのような点を強みや弱みとして見ているのかを聞き出すためです。あなたの最初の狙いは、生徒の自己評価力を養うことだけであるという点を忘れないでください。

次は、右上の「**盲点の窓**」に移り、次のようなフィードバックや問いかけをします。

「あなたの作品をよく見て、あなたが説明したことにほとんど同意します。でも、○○○については、本当にそうなのかなと思いました」

「あなたが○○○についてどのように考えているのか、とても興味があります」

「あなたが○○○についてはとてもよくやっていると感心しています。でも、いくつか改善できると思ったところもあります。具体的には……」

生徒のなかには、自分の強み（よい点）を自覚していない場合があります。教師からのフィードバックは、分かりやすい説明で、基準に則っていて、正直で、敬意をもった形で行われることがとても大切となります。

今度は、左下の「**秘密の窓**」に移動して、次のようなフィードバックや問いかけをします。

「ここまでで、私とまだ共有していない課題や悩みはありますか？　あなたの取り組みを次のレベルに引き上げるとき、壁となってしまっている点はありませんか？」

「この作品を一層よくするために、あなたが引き続き取り組むなかで何か助けられることはありますか？　そのために、何か共有しておきたいことはありますか？」

これらの問いは、先に進むための方法が分からない、静かな場所で勉強したい、実力不足が心配などといった障害について話すための機会を提供します。

カンファランスを終了するにあたって、最後は右下にある「**未知の窓**」のやり取りを行います。ここでは、生徒に振り返りを促すために、次のようなフィードバックや問いかけをします。

「カンファランスをする前には気づいていなかったことで、今でははっきりしている気づきや発見は何ですか？」

「次のステップは何ですか？　このカンファランスから学んだことを、どこでどのような形で利用しますか？　今取り組んでいることや、今後取り組むかもしれないことについて考えてみましょう」

あなたの目標は、生徒が**常に学び続ける**ことに焦点を当て、**既習の知識を新しい状況に適用す**

ることです。このような質の高いカンファランスは、生徒自身が自分の取り組みをどのように見ているのか、そして、作品やパフォーマンスを改善するためにどうするつもりなのかを理解するための情報を収集する方法となります。[10]

もちろん、生徒が学習や作業を進めるうえで、妨げとなっている課題や障害を明らかにする際にも役立ちます。そして、もっとも大切となる点は、カンファランスにおけるやり取りが、学びのプロセスだけでなく、生徒自身に対しても最大限の敬意が払われている様子が示されていることです。

一対一のカンファランスにおける生徒の役割

生徒たちが一対一のフィードバック・カンファランスに対峙すると、自分の取り組みに注目を浴びることになるので、時には傷つきやすく、気弱になり、相手の言葉に従順に従ってしまうという可能性が高くなります。しかし、教師が生徒同士で有意義なフィードバックができるような環境と条件を整えさえすれば、生徒の様子はかなり変わってきます。すべての生徒は、自分を高めることと、**互いに協力しあう関係で考える**ことを目指すコミュニティーのメンバーであるからです。

競争をベースにした旧来のクラス環境とは対照的に、こうしたクラスでは、生徒たちはお互いに信頼できる仲間であり、助けあいながらお互いに目標を達成することが期待されています。この場面で生徒たちは、二つの重要な役割に取り組みます。一つは、仲間にフィードバックを提供すること、もう一つは自分の作品や行っていることに対するフィードバックの受け取り方を学ぶことです。

これら二つの役割のなかでも、フィードバックの原則は変わりません。その原則とは、フィードバックのやり取りにおいて「学び手が中心」であるということです。フィードバックは、前向きで、建設的で、実行可能なものでなければなりません。生徒は、自分の作品や取り組みをさらによくしたり、他者の反応を見たり、新しいアイディアをもらうためにフィードバックを求めます。それは、生徒が最大限、**常に学び続け、問いをもち、問題提起ができる**ことを意味します。そのために、次のような準備を生徒に促します。

①ルーブリックを使って取り組みを評価し、よい点と改善点をカンファランスの前に明らかにする

カンファランスの前に、自己評価の重要性を認識し直すことが大切です。生徒に期待されるの

(10)　その意味では、日本で長年大切だと言われてきた（のに、実践として行われているとは言い難い？）「見取り」や「子ども理解」の方法として、卓越した方法を提供してくれていると言えるのではないでしょうか？

は、フィードバックを受ける準備ができている状態でカンファランスに臨むことです。

②とくにフィードバックをしてほしい点についての質問を準備しておく

一対一のカンファランスではフィードバックをしてもらう生徒が主導権を握っていますので、質問する形でフィードバックをする側に対して尋ねるようにします。[11]

③フィードバックにおけるやり取りの記録の仕方を決めておく

ノートを使うのか、それともパソコンに入力するのか、あるいは録音するのか。フィードバックを受け取る側は緊張しているので、その場ですべてを受け止められない可能性があります。そのため、やり取りの記録を残しておけば、あとで振り返って重要な点が確認できます。

グループでのフィードバック——お互いの取り組みに焦点を合わせる

ペア、三人組、さらには六人ぐらいまでのグループでフィードバックしあうというのも効果的です。生徒同士がフィードバックをする場合には、次のような状況を設定する必要があります。

まず、親しい友だち同士ではないクラスメイトとフィードバックしあうのが望ましいです。可能であれば、取り組んでいるテーマが違っているクラスメイトとフィードバックしあえるように、グループやペアをつくりましょう。というのは、中立的な立場でお互いの作品を見れば、より良いフィードバックが提供できるからです。また、やり取りを円滑に進めるために、決まった手順を使うこともおすすめします[12]。

進め方の手順を紹介するときは、参加する際の基本的なルールを説明すると同時に、フィードバックの際に使う**思考の習慣**にも関心を向けさせましょう。たとえば、**理解と共感をもって聴くこと**、**正確さと精度にこだわること**、**互いに協力しあう関係で考えること**、**明確に考え、正確に伝えること**などが必要になります。

効果的なフィードバックをしあうために基本的なルールを学ぶことが大切となりますが、練習によって修正しながら使わないと機械的なやり取りになってしまいます。生徒たちがなぜフィードバックが大切なのかが理解できるように、手順の一部において、それを説明する言葉を盛りこんでもよいでしょう。そうすれば、フィードバックを受け取る生徒がアドバイスを前向きに捉えるようになり、より望ましい成果が見いだせるからです。

---

(11)　協力者から次のようなコメントが届きました。「これが具体的にできる子どもは、自分の学びが見えているのだと思います。いい方法ですね。真似をします」

(12)　進め方の手順については、https://nsrfharmony.org や、［参考文献20］と［参考文献21］を参照してください。

この進め方が効果的に作用するためには、フィードバックを受け取る側が、自らの作品の背景やどのような状況での取り組みなのかについて説明するといったところからはじめる必要があります。

たとえば、脚本を書いているとしたら、その脚本が長編映画なのか劇なのかによってフィードバックは変わってきます。よって、作品や取り組みの背景や状況がとても重要となります。

さらに、フィードバックを受け取る側が、「ここで私は苦労しています」、「これ以降の進め方が思い浮かびません」、「この脚本のなかで、あなたがいいと思った点とそうではない点を教えてくれませんか」といった具体的なフィードバックを求めると、やり取りがきわめて効率的かつ生産的になります。

最後に、手順に従いながら教師自らがフィードバックを提供するか、見本となるものを生徒たちに示すとよいでしょう。

グループでフィードバックを提供する際の生徒の役割

生徒たちは、お互いにほかのメンバーが目標を達成するのを助けあう、学びのコミュニティーの一員であることを理解しておく必要があります。生徒たちは、より質の高い成果物やプレゼンテーションをつくり出すのを助けるためにフィードバックをしあいます。他者の視点を理解する能力を高めるために、そして自分たちのフィードバックが建設的かつ現実的なものになるために、核心をつくような問いを投げかけることがポイントとなります。

生徒たちはまた、クラスメイトがどんなフィードバックを求めているのかを知る必要もあります。なかには、最初のアイディアを追究するだけの価値があるのかについて確認したがっている生徒、自分のアプローチには一貫性があるかどうかを確かめたいと思っている生徒もいるでしょう。さらには、発信しようとしているメッセージを視聴者や読者がどのように受け取るのかを気にしている生徒もいるはずです。要するに、求めているフィードバックは違うのです。

それぞれが違った理由からフィードバックを求めていることを理解すれば、フィードバックの進め方や手順が違うということが分かるはずです。この点を意識して、生徒は取り組みの発表者としてだけではなく、フィードバックを与えあう仲間としての役割を果たすための準備を整えていきます。

決まった手順を使うと効果的

生徒たちが複雑な問題や曖昧な状況、あるいはアイディアをつくり出す過程に取り組んでいるときには、明確な手順がフィードバックを促進することになります。ここで紹介するのは、私たちがすすめている二つの方法です。

①大切な友だち

この手順は、順調に進んでいる取り組み（おそらく、下書きができあがりつつあるもの）を検討するときに使えます。また、自分の作品がどのくらいしっかり相手に伝わる内容になっているのか、いい方向に進んでいるのかという点についてフィードバックがほしいときなどにも使えます。あるいは、プロジェクトの最終段階で総括的に使うこともできます。

この手順は、やり方を自分たちのものにするために、最初はペアで使うことをおすすめします。その後、三人一組でするのもいいでしょう。

「大切な友だち」によるフィードバックの手順は次のようになります。

・フィードバックを求める生徒が、取り組みの背景や目的、および実際につくり出された作品を紹介します（二〜三分）。

・建設的なフィードバックを提供する「大切な友だち」の役割を担っている生徒が、取り組みの内容をはっきり理解するための質問をします。これらの質問は、アドバイスを提供するためではなく、相手の取り組みが理解できているかどうかを確認するためのものです（二〜三分）。

・フィードバックを求める生徒が、「このイメージで分かりやすいですか？　Xの説明の仕方は分かりやすいですか？　Yのほうがいいでしょうか？」などのフィードバックを求める質問をします（二〜三分）。

・「大切な友だち」は、問われた質問に基づいて、**明確かつ正確に伝える**形でフィードバックをします（五分）。

・フィードバックを求める生徒と「大切な友だち」が、自分たちの学んだことを振り返ります（一〜二分）。

このあと、役割を交換して同じことを繰り返します。二人なら、相互にフィードバックしあっても三〇分以上はかかりません。

②説明的な相談セッション（「プロジェクト・チューニング」とも言われます・訳者補記）

この手順は、アドバイスを求めるプロジェクトの制作者に応じるためにつくられました。生徒が当惑した状態にあって、どのように進めてよいのかが分からないときに最適となる方法です。プロジェクトに取り組む際に生徒がこの相談セッションを求めてきたら、教師は即席のグループをつくって対応します。

・フィードバックを求める生徒が、直面している課題について説明します。また、プロジェクトの目的と見込まれる成果も手短に説明します（四分）。

・グループのメンバーが、取り組みの内容をはっきり理解するための質問をします。ここで大切なことは、提示された課題を理解するためにしっかりと尋ねることです。この段階では、まだアドバイスはしません（四分）。
・グループのメンバーが話し合ったり、可能な選択肢を提案しあったりします。その間、フィードバックを求める生徒はその輪に入らず、聴くことに専念します。このような形をとるのは、グループのメンバーが課題を解決しようと話し合っているときにフィードバックを求める生徒が「それはいい」とか「それは嫌だ」というような感想を示さないようにするためです。ひたすら、グループの話し合いに集中します（八〜一〇分）。
・グループの話し合いから学んだことを、フィードバックを求める生徒が要約します。この時点では、次にどのようなことをするのかという決断をする必要はありません（一〜二分）。
・グループのメンバーが、このプロセスにはどのような価値があったのかを振り返ります。とくに、自分たちの聴く力や問いによって、フィードバックを求めている生徒にどのように役立ったのかという点に焦点を当てます（四分）。

以上のような手順も三〇分以内で終わるはずです。

フィードバックでもっとも重要なのは振り返り

振り返りは、取り組みやその過程での学びを確認したり、押し広げたり、さらに強化するために役立ちます。自分たちの振り返りを共有することは、学びを公にするといった熱意を示すことにもなります。そのために教師は、生徒たちが行ったことを振り返り、学びを共有するためのセッションを設けています。

ほかのやり方として、ジャーナルに書き留めるように促されることもあります。ジャーナルに記録するというのは、気づきや発見、学んだこと、質問、新しい考え、イノベーションの新しい可能性などについてノートやIT機器に書きこむことですが、ジャーナルに書くことが**自己発見**の機会ではなく、義務となってしまっている様子をよく見かけます。そうならないように、生徒にはさまざまな分野のプロたち（たとえば、アーティストや科学者など）[13]や先輩たちが残したジャーナルを紹介するとよいでしょう。

（13）　ジャーナルについては、一一五ページの注も参照してください。また、下のQRコードで、この両者の具体例が紹介されています。

生徒が「個別化された学び」に取り組みはじめるときには、次のような問いについて考えてもらうとよいでしょう。

・はじめようとしている取り組みについて、どのように感じていますか？
・最終成果物を、あなたはどのように思い描いていますか？
・あなたの探究を焦点化するために、どのような**問いや問題設定をします**か？

「個別化された学び」に取り組んでいる最中には、次のような質問を投げかけるとよいでしょう。

・出発点として、テーマについてあなたはすでにどんなことを知っていますか？
・このプロジェクトに取り組むにあたって、これまでにどのようなプロジェクトに取り組み、そのなかに今回のプロジェクトにいかせる経験はありますか？
・あなたの意思決定のプロセスについて、どのようなことを自覚していますか？
・このプロジェクトの成果物を評価するときに、あなたはどのようにして「よくできた」と評価しますか？　また、その基準は何ですか？
・このプロジェクトを前進させるために、クラスメイトから得ているフィードバックはどのように役立っていますか？

生徒がプロジェクトを完了したあとには、次のような質問に答えてもらってください。

・最終的な成果物は、あなたが予想していたものと比べてどうですか？
・この成果物は、あなたのこれまでの取り組みと比べてどうですか？
・次のプロジェクトに取り組む際には、どのような点を大切にしたいと考えていますか？
・自立的な学び手として、どのような傾向やパターンがあるとあなたは気づきましたか？
・今後取り組むプロジェクトでは、どのような教訓や気づきを活用しますか？

これらの質問の目的は、外部のフィードバックに依存する状態を減らすことです。また、自分自身のなかで心の方位磁針（二七ページ参照）や自分なりの軸をもち、それを強化することにもなります。そうすれば、確実に、より主体的に学びに向きあえるようになります。

振り返りにおける生徒の役割

振り返りは、生徒に**自己発見**を促します。しかし生徒は、振り返りを単なる「こなさなければならない課題」と捉える傾向があります。本来、振り返りは、自分の内面をより探究するために考える機会なのです。

また、生徒は、振り返りから学んだすべてではなく、一部だけを紹介したいと思うものです。

それゆえ、「計画、作成する過程、最終的な成果物から学んだことについて答えるように」と生徒に言ったあと、生徒が書き終わったのを見計らって、「誰かに紹介したいと思う箇所に下線を引くように」と求めるとよいでしょう。

その指示に対してある生徒は、プロジェクトが行き詰まったときに苦労したことを紹介するかもしれませんし、別の生徒は、ぶつかった困難について説明をして、どのようにして乗り越えてきたのかを紹介するかもしれません。

生徒たちは二人一組になって、下線を引いたところについて話し合います。最終的には、二人の振り返りの要約をつくって、教師にグーグル・ドキュメントで送信します。教師は、それに対してコメントを書きこむ形で対応します。

自己発見の大事な部分は自己観察をすることです。生徒は、達成したことと遭遇した困難について認識する必要があります。後者には、自分が行ったことを正当化したり、自分の説明が理解できないフィードバックの提供者を非難することなども含まれます。

生徒は、プロジェクトに対して**粘り強く取り組み続ける**方法と、たとえそれが満足いく形になっていなくても、プロジェクトを終わらせる方法を身につける必要があります。ニューヨーク州の前知事で、とてもスピーチがうまいマリオ・クオモ（Mario Cuomo）氏のコメントを紹介しましょう。

「スピーチ用の原稿を書き終わったと感じたためしがない」と言ったあとに、「これまで『書き終わった』としてきたのは、締め切りの期限が来たために、やむをえずそうしただけだ」と付け加えていました。

どのように練りあげていくのか、そしていつ終わりにするのかを知ることは、さじ加減の難しい状態でバランスをとることとなります。良質なフィードバックと締め切りの存在が、生徒に質の高い作品のつくり方を教える鍵となるでしょう。

授業でフィードバックを確立するための提案

①安心できるようにする

成長マインドセットを大事にしながら取り組む重要性を生徒に分かってもらうために、フィードバックは常に、個人の能力に対してではなく、取り組み自体（つまり行為）に対して行われるということをはっきりさせておく必要があります。学びを重視した環境のなかで使われる判断基準（とくに、生徒も一緒になってつくった基準の場合）は、生徒の取り組みに対してのみフィードバックの焦点が当てられます。

②失敗を前向きに捉えることが成功へのカギ

フィードバックを**自己発見**のチャンスとして捉えましょう。複雑な問題や困難、あるいはアイディアに生徒が遭遇したとき、とりあえず試してみることが大事なステップとなり、奨励されるべきことです。

テレビゲームで次のレベルに進むとき、スケートボードで三六〇度回転するとき、音楽のフレーズをつくるときなど、生徒が新しい挑戦に没頭してそれをやり遂げようとするときは、困難さだけでなく喜びを感じながら課題に取り組んでいるものです。

③常に学び続ける習慣をつくる

フィードバックを提供しあう時間と場所を定期的に確保します。そのためには次のような方法が考えられます。

教室の外にいる人々とかかわり、メンターのような関係をつくる――たとえば、ズームを使用して教室に訪問してもらう特定分野の専門家や別の教科の教師、あるいは違う学校の教師などが考えられます。

取り組んでいるプロジェクトに対して教師からフィードバックをもらうためのカンファランス――事前にカンファランスを行う日時を知らせるとよいでしょう。そうすれば、希望する生徒はあらかじめその準備ができます。

ペアないしグループのフィードバック・セッション——ここでは、決められた手順を使えば批判的な視点が少なくなること（友人関係を優先して遠慮してしまうことがあります）や、望ましくない、ピントはずれの発言などが回避できます。

まとめ

「個別化された学び」においてフィードバックは、**自己発見**の観点から重要な役割を果たします。そのなかで生徒が、自分はどのような学び手であり、強みは何か、弱みは何か、そして次の段階のパフォーマンスができるようになるためには何に取り組む必要があるのかなどについて分かるようになることが望ましいです。取り組むなかで、生徒自身の意思決定に影響を与えたものが何かについて話していく際、受け取ったフィードバックを自分の学びのストーリーの一部として活用するようになるでしょう。

生徒が提供してくれる学びのストーリーは、たくさんの学びを提供してくれます。繰り返し現れるパターンを彼らが観察すれば、次のような問いが浮かびあがってくるでしょう。

「これが常に起こっているのはなぜだろうか？」

「これは起こってほしいことなのか?」

「もし、そうでなければ、より**柔軟に考えて**進む方向を変えるにはどうしたらいいのだろうか?」

学びのプロセスと最終成果物に対するフィードバックと振り返り(六一ページと一三一ページを参照)は、学びにおける重要な側面です。にもかかわらず私たちは、教えること、管理すること、成績をつけることに忙しすぎて、それらに十分な時間を割いていませんし、注意を払っていません。コーチ、大切な友だち、相談役としてカンファランスの時間を確保すれば、教師は生徒とより強固な関係が築けるだけでなく、生徒の目標、能力、評価に対する期待を明確にするための機会が継続して確保できます。[14]

---

(14) 協力者から次のコメントが届きました。「『振り返りが大事』と文部科学省に言われたので、授業の最後に振り返りを書かせる授業だらけになりました。生徒は、振り返りに溺れています。忖度がまた一層上手になりました。教師の責任は重いと思います」。このコメントでは、振り返りの価値や意味を理解せず、文部科学省からの指示をそのまま生徒に与えてしまう際の弊害が指摘されています。生徒が教師に気に入られるようなことを書くことが目的になってしまっては意味がありません。別の協力者からのコメントも紹介します。「学びのプロセスと最終成果物に対するフィードバックないしカンファランスと振り返りは、学びを深めるため、進化させるための最強のツールですね。この章の後半部分で紹介されていた内容・方法・質問・留意点をいかすこと、実践することが、日本の旧態依然とした教師主導の授業や学校現場を大きく変えることになるような予感がします。ブレイクスルーを実現するために重要となるのは、フィードバックないしカンファランスと振り返りですね!」

第7章　個別化された学びの文化をつくり出す

「個別化された学び」を主張する人は数多くいますが、その主張が現実と一致していない場合がよくあります。教師が**思考の習慣**のような「ソフトスキル」（二七ページの注を参照）の重要性を説く場合が多いのですが、教師という職業柄、学習内容を説明する方法を画一化したいという願いから、そうした姿勢や心構えを扱うのが二の次になってしまうという場合が多いのです。

「個別化された学び」を維持し、それを現実のものにするために、学校は効果的な思考やコミュニケーション、協働のための**思考の習慣**を、学校システム全体において、一貫して意図的に使用するという文化の変革に取り組む必要があります。こうした**思考の習慣**は、生徒が学校の内外で起こる複雑な課題や問題、やらなければならないことに対処するためにもきわめて重要です。

本章では、「個別化された学び」にきちんと取り組むことが、教室や学校、学校制度全体に対してどのように力を発揮し、学校全体としてその文化をどのように変えていけるのかという視点に立って、その実態について説明していきます。

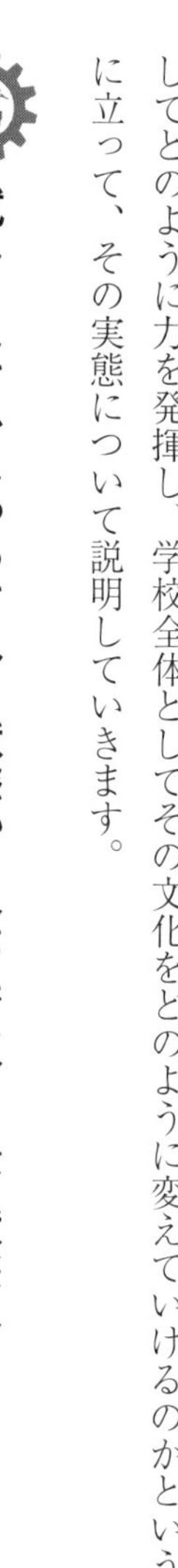

試しとして少しやってみる状態から全力で取り組む状態へ

教師が「個別化された学び」に取り組むときには、生徒とともに深く考え、学習面でも生活面でも目標を達成するための習慣を生徒に身につけてほしいと考えています。本当にそうであるなら、教師は生徒に期待する行動をはっきりとさせる必要があります。

ウィスコンシン州にある「個別化された学び」を促進するための機関(1)のディレクターを務めているジェームス・リッカボウ（James Rickabaugh）は、これを「教え方と学び方における生徒の位置づけ直し」と呼んでいます［参考文献27］。より積極的に文化を形づくるプロセスにかかわることによって、生徒たちはより責任をもって学びに取り組むようになります。

このような学び方では、教師自身にも「位置づけ直し」が必要となります。ハーバード大学教育学部の「プロジェクト・ゼロ」の研究者であるパーキンズ（Perkins）とリーズ（Reese）は、その変化に対する教師のさまざまな反応について次のように示しています［参考文献23］。

コミュニティーのメンバー全員が、新しい変革の取り組みに対して、精力的、かつ一丸となって時間や労力を費やしている姿を私たちは見たことがありません。熱狂的なファンのそばには必ず懐疑派がいますし、変化に飛びつく人のそばには必ず慎重派がいるものです。(2)

どうすれば、イノベーションを起こすための軽やかなフットワークをもつコミュニティーが育てられるでしょうか？　全力で取り組むのか、半分くらいの気持ちで取り組むのか、試しに少しやってみるだけなのか、とりあえず様子見なのか？　参加の度合いを決めていく余地があるでしょう。

---

(1)　(Institute for Personalized Learning) 個別化された学びを、個人学習や一人ひとりをいかす学びを超えた概念として定義し、すべての生徒が生涯にわたって学び続け、その意欲をもち続けることができるような教育サービスの提供に取り組んでいます。

(2)　イノベーター理論では、イノベーター（革新的採用者）、アーリーアダプター（初期採用者）、アーリーマジョリティー（前期追随者）、レイトマジョリティ（後期追随者）、ラガード（遅滞者）の五種類の人がいると言われています。新しいものが開発されたときにすぐ採用しようとする人がアーリーアダプターで、それに追随して取り入れる人もおれば、新しいものには消極的で導入を躊躇する人々、つまりレイトマジョリティもいるという仕組みです。ここでは、変化に飛びつく人が「アーリーアダプター」、慎重派が「レイトマジョリティ」に該当すると考えられます。なお、協力者から次のようなコメントが届きました。「残念ながら、学校によってはイノベーターもアーリーアダプターもいない場合があります。管理によって統制をしようとする学校は二〇二二年においても存在します。地方の学校でこれが起こると限界集落がデジタルでも取り残され、真の限界集落になります」

私たちが非公式で行った調査によると、教師は伝統的な教室のあり方から個別化された教室のあり方に変えていく際、つまり試しに少しやってみるだけの段階から全力で取り組む段階に移行するときには、四つの学習段階を経るという傾向があると示されました。

表7-1には、四つの段階のそれぞれで教師が向きあう問いと、その例として、カリフォルニア州の公立中学校であるヴィスタ・イノベーション・デザイン・アカデミー（Vista Innovation and Design Academy）の教師たちから得られた回答が示されています。

また、ヴィスタ・イノベーション・デザイン・アカデミーのエリック・チャガラ校長は、デザイン思考（二六九～二七〇ページを参照）や、プロジェクト学習（二三～二四ページを参照）を活用し、教師たちとともに「個別化された学び」に取り組んでいます。自分の学校が未完成の状態であることはもちろん承知のうえで、この方法を実践しはじめてわずか二年で校内の教師たちの姿に見られた大きな変化の様子をいくつか紹介してくれました。(3)

教師が生徒を無理やり規定のカリキュラムに引き入れる必要は、もはやありません。「個別化された学び」を実現することによって、生徒の自己効力感を高め、本当の意味で振り返りを行い、その学びをほかの人と広く共有する機会が生徒に与えられるからです。そして、生徒は自分の学習に関心をもち、ついには、その価値までも理解するようになります。

表７－１　「個別化された学び」を導入する四つの段階

	鍵となる問い
第1段階	・「個別化された学び」とは何か？ ・それをはじめようとすると、何をどれくらい変えなければならないのか？ ・生徒や自分が変わらなければならないことは何だろうか？ ・生徒は、学ぶことにどれくらい努力をしているのだろうか？　また私は、生徒のためにどれくらい努力をしているのだろうか？ **教師たちの回答** ・私が考える「個別化された学び」とは、学習プロセスを慎重に組み立てていく教師によって導かれる、生徒の探究や調査のことを指しています。（アンジェラ・タウンセンド先生） ・教師は、はっきりとした学習目標を定めて、それを達成するためのさまざまな方法を生徒に提供します。「個別化された学び」では、教師が旧来の直線的で画一的な学習に対するコントロールや期待を手放す必要があります。（デイヴィッド・ルイス先生）
	鍵となる問い
第2段階	自分の教室で「個別化された学び」が実現しているときに、そこに何が見え、聞こえ、そして何を感じるのかということについて、私はどのようなビジョンをもっているのだろうか？ **教師たちの回答** ・熱心な生徒は課題を完了することに対して自分自身で納得しているため、早く課題を終わらせるようにと催促されることはあまりありません。そのため、教師が計画立案に費やした労力がそのまま生徒の学習意欲を飛躍的に向上させます。（従来の授業と違って）生徒と一対一で話し合い、それぞれのニーズにこたえるために時間が使えるのです。（シルヴィア・ブラウン先生） ・「個別化された学び」のもっとも重要な特徴の一つは、生徒自身が知識の探究にどの程度の責任をもてるのかという度合いの高さです。生徒が責任をもつためには、従来の教師主導という環境から、生徒にクリエイティブな「声を上げることや選択をすること」が許される環境へと変化していくことが求められます。教師は、生徒一人ひとりの学習の道筋について、よりオープンなマインドセットをもち、自らをメンターやコーチと位置づけ、目標を達成しようとする生徒の歩みを積極的に後押しする必要があります。（マイク・エイブン先生）

<table>
<tr><td rowspan="2">第3段階</td><td>鍵となる問い</td></tr>
<tr><td>・私が変化を起こそうとしているとき、生徒はどのように私とともにこのビジョンを育てているのだろうか？
・生徒は、授業のなかでどのように声を上げているのだろうか？
・生徒はどのような方法で、お互いに、そして大人たちと共創しているのだろうか？
・自分の考えを誰かとやり取りをしながらつくりあげていくために、生徒は他者の専門知識をどのように利用しているのだろうか（他者との共同構築）？
・学び手として目標を達成するために、生徒は自分自身についてどのようなことを発見しているのだろうか（自己発見）？
・その根拠を、どのように集めればよいのだろうか？
・その根拠を、どのように保護者に伝えればよいのだろうか？

教師たちの回答
・課題は、もはや生徒自身から切り離されたものではなく、彼らのアイデンティティーの一部を表現するものです。学びのなかに自分の居場所がつくれると、私たちはお互いにより深く知れます。知識を異なる解釈の集まりと見なし、相互のやり取りのなかで知識をつくりあげていくことを通して、あらゆるテーマについてより豊かな理解が得られるようになります。（デイヴィッド・ルイス先生）
・生徒が安心して学べるようになったことを私は実感しています。生徒は自分たちの情熱をエネルギーにして成長し、「今行っている取り組みは自分に関係することだから」と学びに意欲をもつようになりました。生徒の学びを保護者に伝えるためには、生徒が成し遂げたこと、つまり最終的な成果物と、それまでに生徒が歩んできた道のりを見せるというのが一番でしょう。私たちは、生徒の作品を展示する「エキシビション・ナイト」を開催しており、保護者の方々に生徒が目標を達成してきた過程を見てもらいました。成績だけでは、生徒が歩んできた道のりや、素晴らしい作品をつくりあげるまでに体験してきた葛藤は描けません。生徒の作品は、生徒の学びを表すものであるべきです。（アンジェラ・タウンセンド先生）
・これまでは、私が情報を伝える側で、生徒はただそれを受け取るだけでした。今では、私はファシリテーターであり、生徒は自分にとってもっとも関心のある方法で内容を選び、そして発展させていっています。そのため、自分たちが選んだ方向性がガイドライン（注）の範囲内であることを確認したり、より深い理解を導くために教師と共創するのです。（シルヴィア・ブラウン先生）</td></tr>
</table>

	鍵となる問い
第4段落	・「個別化された学び」に変えた結果、生徒の成績がよくなった、あるいは変化したという事実を確かめるにはどうしたらよいだろうか？ ・どうすれば、生徒も教師もさらに成長を続けることができるだろうか？ ・生徒だけでなく、保護者からも、この変化についてフィードバックを得るためにはどうしたらよいだろうか？ ・今後の活動を発展させるために、集めたデータをどのように活用し、継続的に反映させていくことができるだろうか？ ・学校制度全体で考えるために、自分が学んでいることをどのように同僚と共有すればよいだろうか？ ・変化を起こしたあと、私たちの仕事量はどのように変わるのだろうか？ ・学びの結果、行動を起こす生徒は増えるのだろうか？　より夢中で取り組んでいる様子は見られるのだろうか？ ・このような前向きな変化を教師から発信するのではなく、生徒同士で伝えあってもらうにはどうしたらよいだろうか？ **教師たちの回答** ・「個別化された学び」の試行プログラムの最初の４分の１が終わって同僚と私が気づいた最大の変化は、賛同してくれる生徒が増えたことです。まだ道半ばですが、大半の生徒が積極的に学習に取り組み、自分の力で学んでいます。これまで成績が芳しくなかった生徒の多くも学習に熱意を感じたようで、自己責任感をもちはじめました。その重要な要因の一つが、すべての生徒に、学んできたことについての発表を求める公開エキシビションの開催です。（ロリ・バックレイ先生） ・一直線に流れるような教師中心の学習から、生徒中心の学習へ変えていくというのは一朝一夕で成し遂げられません。私のこれまでの経験から言えば、生徒がより熱心に取り組み、そのプロジェクトに対して抱く生徒の熱意を保護者が共有している姿を見れば、正しい方向に進んでいるというのが分かります。そして、もし生徒が混乱してしまい、的外れなプロジェクトの成果物を提出してしまった場合には、学習目標を再度見直して、より分かりやすいものにする必要があるでしょう。（デイヴィッド・ルイス先生）

（注）「指導目標」のことで、日本で言えば「学習指導要領」の内容に相当すると考えてください。

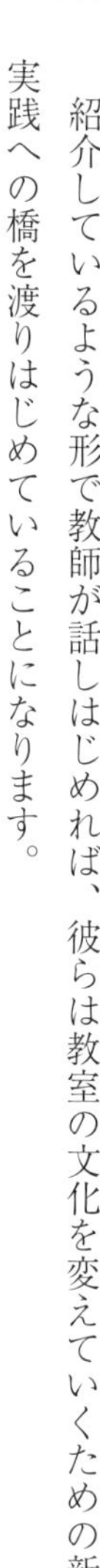

紹介しているような形で教師が話しはじめれば、彼らは教室の文化を変えていくための新しい実践への橋を渡りはじめていることになります。

取り組み中の学校へ向けた提案

学校生活のなかで改革を推し進めるのに合わせて自転車のペダルを踏んでしまうと、たくさんの要求によって、本来進むべき道から外れてしまいがちとなります。ここでは、そんなときでも生徒や教師に適用できる、改革のペースを少し落として注意を払うための六つの提案を紹介します。それぞれの提案は、思考の習慣と組み合わせたものとなっています。

①ランニングマシンから降りる

時に私たちは、目的意識をもたないまま進み続けてしまう場合があります。スピードを上げることもありますが、それでは目的意識をもった何かを達成したことにはなりません。まずは目的をはっきりさせて、それが何であるかを定義しましょう。

今、何を達成しようとしているのですか？　まずは腰を下ろして、自分が何をしているところなのか、なぜそれをやっているのかについて、ジャーナルに書いて振り返ってみてください。思

考の習慣——問いをもち問題提起をする

②立ち止まってバラの香りをかぎ、周りを見渡す

深く呼吸をして、落ち着く方法を見つけましょう。ぎこちない間（ま）を埋めるために飛びこんでしまうのではなく、その沈黙を受け入れましょう。詩人のアドリエンヌ・リッチ（Adrienne Cecile Rich, 1929～2012）は、「創造への衝動は、……沈黙のトンネルの中ではじまる」［参考文献26］と言いました。

沈黙を受け入れ、じっくりと振り返ることで生まれてくる問いに注目してみてください。あなたは、その問いに対してどのように答えますか？　あなたは、それを追究しますか？　**思考の習慣——五感で情報を収集する**

③何かに興味をもつ

あなたが思わずひきつけられるものは何でしょうか？　アイディア、問題、挑戦、テーマ、本

（3）協力者から「日本の校長は、自分の手柄になる実践と、教育委員会の評価と、無謬性が大好物です。アメリカでは、公立学校を私立学校のように運営できているのだと感じます。構造の違いが与える影響は大きいです。日本の学校は年々息苦しくなっています」というコメントが届きました。

や文章、論点など、興味をそそられるものを見つけてください。

なぜ、そのテーマが魅力的なのでしょうか？　そのテーマは、あなたの世界観、一連の情報やアイディアとどのように結びついているのでしょうか？　どのような連想ができそうですか？

思考の習慣――創造かつ想像する、イノベーションを起こす

④アイディアに刺激を受け、それを実行に移す

問いをデザインし、何が問題かをはっきりさせ、アイディアを追究し、そして行動を起こしましょう。**図７-１**のようなものを使えば、ひらめきを実行可能なものに変えられるかもしれません。**思考の習慣――自分の考えについて考える**

⑤世の中に貢献する

教室の枠にとらわれず、自由に考えましょう。あなたの行っていることは、ほかの人が取り組んでいることや生活を向上させる可能性にどれくらい貢献するでしょうか？　一度世に出たあなたの作品は、ほかの人とのやり取りを経てどのような進化を遂げるでしょうか？　受け取ったフィードバックによって、今後、どのように発展させたり、新しいアイディアを得ることができますか？　**思考の習慣――明確に考え、正確に伝える**

図７−１　ひらめきを行動に移すためのプロセス

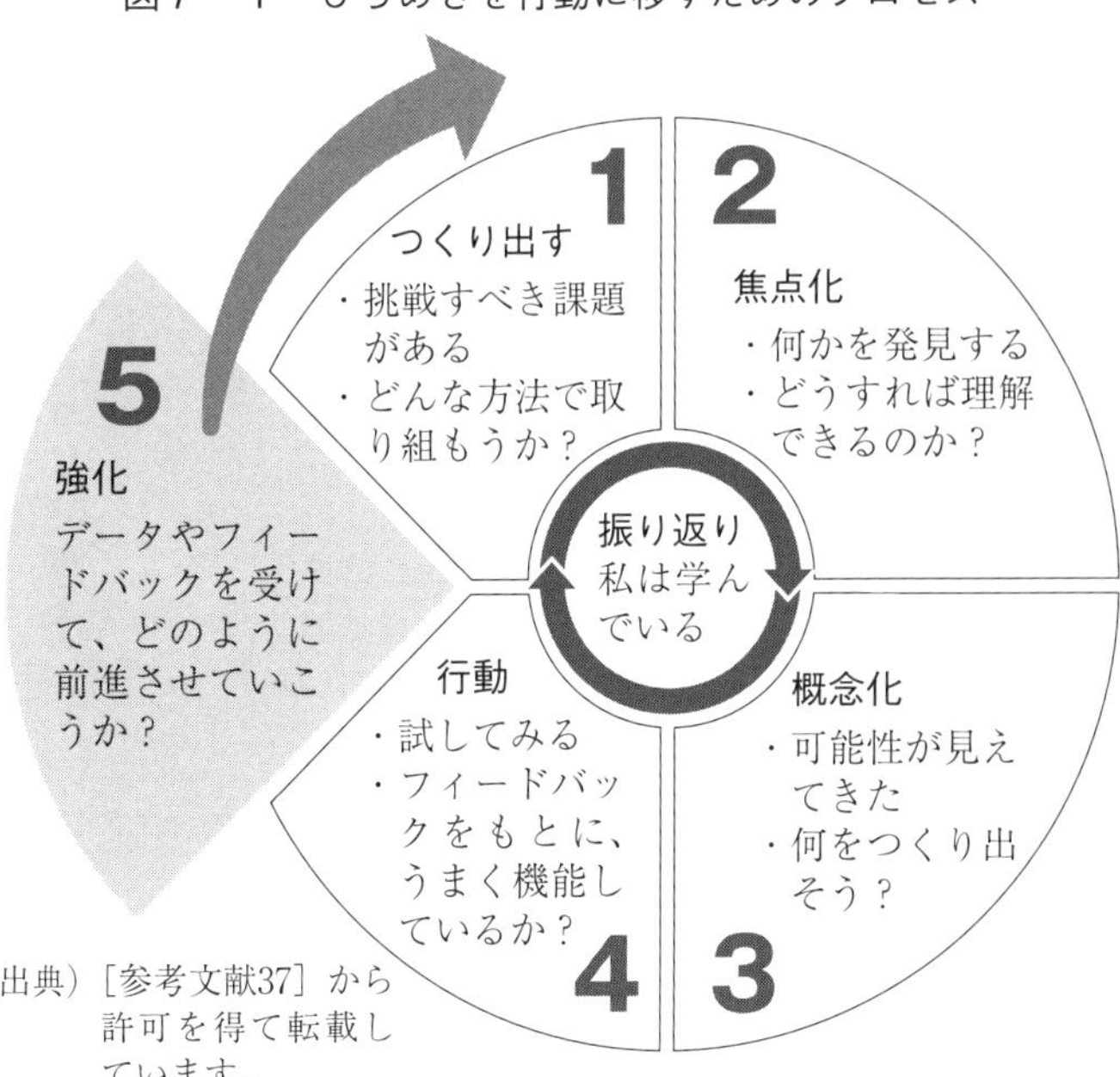

（出典）［参考文献37］から許可を得て転載しています。

⑥旅の道のりを楽しむ

往々にして私たちは、目的地にたどり着くことにとらわれすぎています。何かを追究するなかで、別にやってみたいことやアイディアに出合ってしまい、本来の焦点からずれてしまうことがあります。抱いてきた疑問や途中で身につけたり磨いたスキルは、目的地にたどり着くことと同じくらい重要なものが多いです。

このような経験を通して、あなたは何を学びましたか？　この旅は、あなたにとってどのような価値がありましたか？　次は何をしますか？

思考の習慣——驚きと不思議に思う気持ちをもって反応する

コミュニティーへの貢献

生徒は、私たちの働きかけによって、学校の壁を越えて職場や実地での経験を積み、地域の団体や雇用主、専門家と本物のプロジェクトに取り組むほか、世界中の人々と自立的・協働的に取り組むようになります。とはいえ、そういう存在が常に確保できるとはかぎりませんし、クラスメイトと協働できるわけでもありません。

このような多様性と柔軟性は、予期せぬ結果をもたらす恐れもあります。つまり、生徒と学校コミュニティーのつながりが薄くなってしまうという場合があるかもしれないのです。多くの生徒にとって学校は、生活のなかでもっとも安定しており、教師が自分たちを導くなかで、助言をくれたり教えてくれたりする場所であり、友だちと一緒に学べる安心な場所となっています。

自分がつくったものをいかして、より広い世界とのつながりをつくろうとする場合はとてもワクワクするものですが、生徒は、学校という場所を意識し、学校という場がもつ機能と、学校コミュニティー（生徒や教職員、保護者、地域住民など学校にかかわるすべての人々・訳者補記）とのかかわりに注意を払う必要があるという点を忘れてはいけません(4)。

学校が、生徒の興味があることや情熱がもてることを見つけながら生徒のペースで学べるように設計されたものであったとしても、生徒には、社会的なつながりのある環境のなかで学ぶ必要があります。学校と似ている点と異なる点をもった社会のなかで、どのように生きていくのかについて生徒は学ばなければなりません。

また、グローバルな視野で考えると同時に、地域の視点からも考える必要があると学び、ビッグ・アイディア(5)について深く考え、互いに意見が違う状況に対処する方法についても学ばなければなりません。

生徒は、近隣地域、市や町や村、県や州、国、そして世界の一部なのです。学校は、すべての生徒が互いに依存しあいながら考えることの大切さを伝え、それを強化するだけの文化をもっておく必要があるのです。

(4)　協力者から次のようなコメントが届きました。「コミュニティーという言葉がいいなあと思っています。(中略)もしかしたら、私たち教師がかかわる場はすべて『コミュニティー』であると認識することがとても大事な気がします。学校が教師の支配する場所ではなく、『コミュニティー』として認識されることができたらいいなと、ふと思いました(以下略)」。学校コミュニティーについては、『学校のリーダーシップをハックする』のハック4において、リーダーの立場から接する方法について述べられていますので参照してください。

(5)　大切な概念（コンセプト）、問題、考え、テーマなどのことを指します。『読む文化をハックする』の第4章に、このビッグ・アイディアを「コンセプト」として使った実践が紹介されています。

スクールリーダーと思考の習慣

学校コミュニティーが、広く、深く、また生徒の学びのために考えるということにはっきりと同意している以上、すべての**思考の習慣**が重要になってきます。スクールリーダーには、次のような習慣を実践していく必要があります。(6)

・ほかの学校を訪問したり、よく読まれている本について勉強したり、アメリカ国内や世界中の人々とズームで話したりするなど、**常に学び続ける**。
・代替となるアイディアも検討しながら、**柔軟に考える**。
・学びのコミュニティーに存在するさまざまな立場の人の視点に目を配り、**理解と共感をもって聴く**。
・新しいアイディアがうまくいっているかどうかを判断するために、あいまいな感覚ではなく、**正確さと精度にこだわる**。
・**創造かつ想像し、イノベーションを起こし**ながら、学校コミュニティーをつくり続ける状態に参加する。
・コミュニティーにとって意味のない専門用語は避け、**明確に考え、正確に伝える**。(7)

スクールリーダーは、すべての生徒に取り組んでもらいたいと思う実践を映し出すと同時に、新しい常識として築きあげていきたい習慣を呼びかける必要があります。次ページの**表７－２**は、リーダーがとるべき行動、それらに関連する**思考の習慣**、およびその過程に関する私たちの考えを示したものです。

ステップ１　別の視点について考える

コネティカット州のマンチェスター教育委員会のリーダーたちとのミーティングでは、**表７－２**の「ステップ１」にある「個別化された学び」にまつわる教職員の不安を明らかにするという行動に焦点を当てました。

まず、さまざまな役割をもつ人々で構成される小さなグループに、次のような形で不安に思うことを挙げてもらうことからはじめました。

「私は、『個別化された学び』を自分の教室で実現させたいのだろうか？　はい、でも……」

このエクササイズは、「個別化された学び」を推進するにあたって重要なものになりました。

（６）主には、管理職を指していますが、間接的には教科や学年主任などの役職をもった人たちや、役職はもたなくても学校への影響力が大きい人たちも含みます。
（７）本書を訳している私たちも、まさに翻訳をするときに心掛けていることを思い出します。

表7－2　スクールリーダー自身による個別化された学びへの移行

行動	思考の習慣	コメント
ステップ1 異なる可能性を見いだす見方と、「個別化された学び」にまつわる不安を教職員が出せるようになるところから学びはじめる。	・理解と共感をもって聴く。 ・問いをもち、問題提起をする。 ・柔軟に考える。	職員会議やコミュニティーの会議では、こうした習慣をグランドルール(注1)として、呼びかける必要があるかもしれません。参加者が手順を追って、さまざまな視点の意見に耳を傾けるプロセスを促すような会議をデザインする際に役立ちます。
ステップ2 今から5年先の学校の姿を思い描きはじめる。そのためのビジョンをつくって共有する。	・創造する、想像する、イノベーションを起こす。 ・責任あるリスクを取る。 ・ユーモアをいかす。	今、人々は伝統や慣習から解放されることが必要な時代です。遊び心を刺激するようなプロセスの活用が必要です。
ステップ3 一般市民や学習コミュニティーの人々に対して、現在何が進行中なのかを伝える。	・明確に考え、正確に伝える。 ・正確さと精度にこだわる。 ・五感で情報を収集する。 ・常に学び続ける。	ビジョンというものは、全員が進むべき方向性を明確にするために、共有や修正が必要です。このとき、誰もが私たちの行く末を語る語り手となります。(注2)

（出典）Kallick and Zmuda (2017) の許可を得て掲載しています。

（注1）会議やミーティングをスムーズに運営したり、活性化するためのルールや手順などを指します。あらかじめ決められているのか、参加者が自分たちで決めるのかによって、その有効性が変わってきます。

（注2）訳者の一人が、1990年代の初頭に、ビジョンの大切さに気づかせてくれた本に出合いました。ピーター・ドラッカー著の『非営利組織の経営』です。しかし、その本にはビジョンの立て方は書いてありませんでした。しばらく探し続けて見つけたのが、クリスト・ノーデン-パワーズ著の『エンパワーメントの鍵』でした。ビジョンのつくり方が分かりやすく書いてあるのでおすすめです。残念ながら絶版なので、図書館で借りて読んでください。

最初は、「全力参加」している熱心な教師だけが参加しているといった状態でした。そこから、メンバー自身が不安に思うことを表明し、「試しにやってみる」というレベルの参加も無視されない、より大きなコミュニティーのグループへと移行したのです。

私たちは書かれたものを見ながら、表明されている心配事や不安を「文化」、「成長」、「時間・方針」、「データ・研究」といった分類のいずれかに振り分けました。そして最後に、コミュニティーが「個別化された学び」に取り組む可能性を明らかにするための質問を投げかけたのです。

次ページの**表７－３**は、このコミュニティーがいかに**理解と共感をもって聴き、問いをもって問題提起をしたか**ということを示す断片的な記録です。心配事や不安は、ほかの人に開示することで、探究心や効果的な思考、問題解決のための文化を構築する強力な基盤となりえます。

ステップ２　未来の姿をイメージする

表７－２の「ステップ２」にある「五年後の学校の姿」を描くとき、参加者は制約を感じながらアイディアを出しはじめるものです。新しいアイディアに対して本当に心を開くためには、生徒に提供するものと同じようなメイカー・スペースや、イノベーション・ラボ[(8)]（一五一ページの注を参照）のような環境を整えることが大切となります。

人々が自分のアイディアで遊べるようにしましょう。マジックやポスター用紙、インターネッ

表7－3　イエス・バット(注)——「個別化された学び」を実施するうえでの不安や心配事

文化	成長
・教職員のなかには、生徒が主体となる学びが、すべての生徒にとって身近なものになるとは考えない人もいます。 ・教室の風土は、リスクを取る価値観を育てる必要があります。 ・私たちは「今まではこうしてきた」ということにこだわっています。 ・私たちは、生徒が責任をもち、自ら主体的に学ぶ必要があると信じています。 ・組織のためになると信じていることを変える方法について、私たちは何を知っているのでしょうか？ ・教育委員会として、理想的な「文化」とはどのようなものなのかについて、すぐに行動を起こせるような言葉で明確に表現できるでしょうか？	・生徒が成長を続け、自己を振り返るように促すための具体的なフィードバックをするにはどうしたらよいのでしょうか？ ・教職員の能力と成長をどのようにサポートしていけばよいのでしょうか？ ・一部の教職員は、明確なスキルの領域で生徒をひきつけることに苦労しています。 ・生徒には、目的をもった話し合いができるような言葉の使い方を教える必要があります。 ・教師は、生徒をより高いレベルの思考に導くような、専門的な問い方を身につける必要があります。 ・教頭には、校内における教え方のコーチ役が務められるようになるための成長プランが必要です。 ・教職員、生徒、家族ともに、私たちの教育委員会で新しい学びをどのようにサポートしていったらよいのでしょうか？

時間・方針	データ・研究
・この方法を忠実に実行する時間などはない、と考える教職員もいます。 ・新任の教員には、経験豊富な教員とは異なるサポートや時間が必要なのではないでしょうか？ ・教育委員会や州が推奨するような指導時間は、生徒の自主的な学びの実現とは相反するもののように思います。 ・法律が、私たちの教育の仕組みや方針を決定づけています。 ・時間を有効に活用し、効果的に管理するにはどうすればよいのでしょうか？	・成長が求められる分野がどこかを特定するための情報を収集し、その情報をもとにして、どのように教育プログラムを変えていけばよいのでしょうか？ ・生徒は、教師による明確な指導を受けるのとは対照的に、「個別化された学び」を行う授業を受けることで多くを学びます。 ・生徒指導における関係修復のアプローチですが、その研究上の裏づけは何ですか？

（注）イエス・バット法とは、まず相手の意見を受け入れたうえで、自分の意見（多くの場合、それは相手の意見に反論するもの）を述べる話法の一つです。「確かにそのとおりですが、しかし……」という言い回しになります。

トを使った情報源など、アイディアの創出を手助けしてくれるようなものを用意してください。(9)

多くの教育委員会では、「デザイン思考」と呼ばれる、次のような順序で参加者を導くプロセスが採用されています。

・共感する。
・定義づける（参加者がお互いの話を聴きながら、疑問や心配事を出し合うことで「共感」と「定義」が実現します）。
・概念化する。
・試作する（参加者がアイディアで遊びます）。
・実験する（参加者がアイディアを実験してみるための、ちょっとした方法をいくつか考えて決めます）。

なお、デザイン思考の詳細についてはスタンフォード大学のガイドブックが参考になります。(10)

(8)　いろいろな機械や材料を使いながら、つくる・学ぶ・探究する・共有することができるスペースのことです。アメリカでは学校や図書館などの中に設置されており、日本でも少しずつ導入事例が増えています。表５－２の注（一八〇ページ）も参照してください。

(9)　たとえば、www.mindtools.com/brainstm.html を参照してください。このサイトには、ブレインストーミングの説明や効果的な方法が書かれています。

ステップ3　新しい物語を語る

本書は、生徒の志を真剣に受け止めて、彼らが自分の進むべき道や目的を見いだすために手助けしたいという教師の思いを広めることを主眼としています。こういったことは、学校の教育目標のなかに含まれている場合が多いものですが、お飾りになっているだけで、きちんと実施されているのを目にすることはほとんどありません。

今日、ほとんどの学校では、教育プログラムや教育の枠組み、時間の使い方、リソースの使い方、説明責任などに注目が集まってしまい、変革のための物語はぼんやりとしているというのが実状です。学校の方針、教育の枠組み、カリキュラムをいかに変更したとしても、学びに必要なプロセスや態度、心構えを結びつけることによって文化を変えなければ持続可能でも実用的でもありません。学校文化を変えるために不可欠となる要素の一つは、「個別化された学び」についてのビジョンをつくりあげることです［参考文献8］。

私たちは、教育制度の不備を示すような物語に焦点を当てるよりも、学校コミュニティーが「個別化された学び」に対して開かれていくという、前向きな方法に焦点を当てることを提案したいと思っています。そうすれば学校は、単に登場人物を変えたり、脚本をいじったりするだけの、過去と同じような物語を語り続けることができなくなります。

変革のためには、現在と未来の物語を描き、私たちが大胆に行動してみるといった形で、いつまでも展開を続けていく必要があります。スケジュールやスペース、グループ分け、人材の活用などを見直し、私たち教育関係者が勇気をもって行動するためには、コミュニティーのメンバー全員が**思考の習慣**を実践する必要があります。

なぜ、この物語を描くのか、私たちは人々に何を知ってもらいたいのか、といった目的から出発しましょう。そして、物語に出てくる登場人物は、一〇年前の生徒ではなく、今、目の前にいる生徒です。生徒の将来について、また学び手としての彼らの願いや夢について、私たちが思い描いている物語を語るのです。

学ぶことが生徒の人生の楽しい一部となり、彼らもまた自分自身の経験の語り手となる方法が学べるように物語を語ります。そして最後に、私たちが抱えている問題と、目標を達成することをたたえる言葉で締めくくるのです。これは、私たちが目の前にいる生徒にとって最大の関心であると本当に信じるものについての新しい物語であり、「個別化された学び」がもつ四つの特徴によって、その物語の枠組みを示すことができます。(11)

(10)　日本語版は下のQRコードで読めます。また、同じスタンフォード大学の無料資料として、その下のQRコードで見られる資料もおすすめです。また、一八〇ページの注も参照してください。

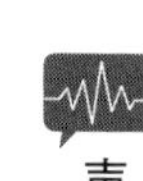

声——私たちは、多くの人の意見に耳を傾けることによって、自分自身が主張したいことと不安に思っていることが何であるかに気づきます。そして、自分の視点がほかの人のなかに鏡のように映し出されていることに気づき、これまで知らなかった視点や理解していなかった視点に触れるための窓を開きます。

私たちは、誰かに共感し、ほかの人の視点から世界を見るとどうなるのかについて想像することができるのです。そのようにして、文化として、多様性が私たちの強みになりえることを学びます。

共創——私たちは、ビジョンと、それをどのように共有し、実施していくのかという理解についても、実際に**共創**していくことが必要だと考えています。「教育委員会で共有されたビジョンとは、上層部が言った彼らのビジョンであり、それを教職員たちと共有することが期待されている」と言われる場合があまりにも多いです。

共創することで私たちは、生徒の学習のためにならないことを手放す方法や、個別化された、生徒中心のシステムを継続的に主張する方法を学びます。

他者との共同構築——私たちは、この旅路を進めてくるなかで、協働することとの大切さを感じてきました。ほかの人たちが「個別化された学び」をどのように解釈しているのかを見てみないと自分たちの知らないことが何なのか気づけないと考え、詳しい人に相談するようにしています。そのために、自分たちがどのように理解しているのかを定義し、全員がはっきりとした目標に対して忠実に行動できるような、説明のための言葉を共有するように努力しています。

自己発見――この旅を通して私たちは、自分自身について、ともに取り組んできた人たちについて、そして想像の範囲外の人たちについて学ぶことができます。また、自分には見えていなかったことや、浮かびあがってきた心配事や不安にどのように対処すればよいのかについても学びます。

さらに、問題を解決する者として得られる強みは何かということについても知ることができます。そして、組織内での立場に関係なく、リーダーにもフォロワーにもなれる方法も学びます。

---

(11) 物語と変革をテーマにしたより良い学びと学校を生徒と教師のためにつくる方法が紹介されているのが、『教育のプロがすすめるイノベーション』と『一人ひとりを大切にする学校』です。

はじめるにあたっての提案

①空回りをやめて、まずはじめましょう

読むべき本や論文はたくさんあります。訪問するべき学校もたくさんあります。そして、「個別化された学び」のビジョンや、それぞれのコミュニティーでどのようにそれを実現したのかを共有する学会に参加もできます。[12] しかし、ほかの人のアイディアから発した研究や開発されたものであるということが原因となって、あなたのコミュニティーの強みや願いに沿った何かをつくろうとする意欲を薄めてしまうかもしれません。

このような難しい問いに答えるためにできることと言えば、実際にやってみることです。その際には、フィードバックのスパイラルモデル（二二三ページの**図6－1**を参照）を、計画するためのツールとして使用しましょう。

まず、目標を設定することからはじめます。生徒の学びについて新しい知見を得るために、あなたは何から試せますか？　まずは、スパイラルをあなた自身に当てはめて考えてみましょう。

あなたの行動計画はどのようなものですか？　誰が参加しますか？　主要な関係者と**共創**しようとしたとき、誰があなたの隣の席に着くのでしょうか？　いつ、どこではじめますか？　その方法がきちんと機能しているかどうかを知るために、どのようなデータを集めますか？　アンケート調査ですか？　それともインタビュー？　パフォーマンスの結果？　学んだことをどのように振り返ってもらいますか？　その振り返りには誰が参加しますか？　そして最後に、自分自身について、学校とそこでの取り組みについて、あなたは何を学びましたか？

これらのことを考える際には、**声**、**共創**、**他者との共同構築**、**自己発見**に注意を払うようにしてください。また、あなたが、どのように学びを自分に応じたものにしたのか、あなたの取り組みを進めるために必要な**思考の習慣**をどのように使っているのかについても注目しましょう。

②新しいアイディアの「難しさ」を考慮しましょう

新しいアイディアにワクワクすることは簡単です。とくに、ほかの学校ですでに効果的に機能している実践を見てきたり、事例についての説明を読んだりしているときはそうでしょう。しかし、新しいアイディアに取り組みはじめる際に必要となるすべての問いに答えることや、そのプロセスそのものが難しいということを忘れてはいけません。

---

(12)　残念ながら、学会を中心に、日本でのこの分野の試みは甚だ弱いです（全国一律の画一指導こそが強みと長年取り組んできた経緯がありますから）。現時点でこれについて読める本を中心に巻末で紹介しています。

新しいアイディアを探究するときは、「もしも」という質問をしてみると効果的です。

・もしも、学校にチャイムがなくて、生徒が好きなだけパフォーマンスや制作に集中することができたらどうなるだろうか？
・もしも、完全に資質・能力ベースで、生徒が自分のペースで学習を進めることができたらどうなるだろうか？
・もしも、成績を完全に廃止してしまったらどうなるだろうか？
・もしも、誰もがＩＣＴ機器を持っていて、世界中のどこにいてもさまざまな情報やアイディアにアクセスできるとしたらどうなるだろうか？
・もしも、時間や場所にとらわれない、学校外の体験が授業として認められるとしたらどうなるだろうか？
・もしも、プロジェクト学習に焦点を当てたらどうなるだろうか？
・もしも、すべての生徒が「個別化された学び」の機会を得られればどうなるだろうか？

このような問いかけは、既成観念にとらわれず、より**柔軟な思考**を促し、多くの創造性を生み出すと同時に不具合まで生じさせます。もし、私たちが自分たちの**衝動性を抑えて**、変化に対する自分自身の感情的な不安に溺れなければ、学びを成長させることができます。

学校でのスケジュールや作業を協働して行う同僚との間には、学校内と学校外で認められた学び方と生徒が私たち教師に求める能力と時間の使い方において、必然的に相互依存の関係が生じます。

コネティカット州は、近年、生徒のニーズと関心を満たし、生徒のオウナーシップを築き、学校の内外で得られる生徒のさまざまな機会を拡大するために、生徒が身につけるべきコンピテンシー（五ページを参照）を各教育委員会レベルで定められるように門戸を開きました。州当局は、これらのコンピテンシーや学習の成果が一旦つくられれば、教育委員会は「学校のスケジュールや時間の使い方、クラス内での成績順位、課外活動への参加の仕方、ＩＣＴの使用、校舎内における学年配置の仕方、成績優秀者名簿、成績の評価方法などを見直して、必要に応じて修正する必要が出てくるだろう」と示唆しています［参考文献5］。

そして、おそらくですが、次の質問はスクールリーダーにとって背筋が寒くなるようなものかもしれません。

「このアイディア（個別化された学び）は、生徒と教師のどちらにとってもよいもののように思えますが、従来からの学校の常識や慣習を混乱させてしまうほどの価値はあるのでしょうか？」

州には、学校の現状を打破するためにこの政策を利用する正当な理由があるかもしれません。

しかし州は、小さなグループでアイディアを試験的に実施する前に、まずはそれぞれの教育委員会にこのような変革のビジョンを十分に理解してもらう必要があります。さらには、生徒のニーズをはっきりと明らかにし、それにまつわる主要な関係者の心配や不安を聞くというプロセスを踏まなければなりません。

③最初から物事がスムーズに運ぶとは思わないようにしましょう

教室を変革したり、試験的に学校でプロジェクトをはじめたり、生徒が何かをつくり出すための専用スペースを設けたりするなど、小さな一歩を踏み出すときでさえ私たちは、自由でありながらも不安ともなるリスク[13]を取ることになります。**責任あるリスクを取る**ためには、相手に対する思いやりを必要とし、また自分自身の成長が求められます。そのプロセスでは、予測可能な問題と予測不可能な問題から学ぶことができます。

「個別化された学び」という冒険に飛びこむとき、最初はとても情熱を傾け、そして手探りで進もうとするかもしれません。しかし、曖昧な状況を打開しようとする際には、不確実なことに対処するための準備が必要です。リスクを取ることをためらうと、失敗を恐れるあまり、得られる可能性のある利益が損なわれてしまいます。

大抵の人は、途中で解決しなければならないやっかいなプロセスに挑戦するよりも、すでに存在しているものをコピーするほうが楽なのです。そのため、ワクワク感と確実な足場の間でバランスをとるという、**責任あるリスクの取り方**を学ぶ必要があります。無理をせずに、一つずつリスクを取ることが大切です。

④自分のアイディアに惚れこみすぎないようにしましょう

最初に思いついた考えや想像したことに満足して、酔いしれてしまうといったことがよくあります。これを実現すればすべてがうまくいく、と夢を見てしまうのです。その夢を実現する方法ばかりに気をとられてしまうと、他者からのフィードバックに耳を傾けたり、データに注意を払ったり、ビジョンと行動の修正ができなくなってしまいます。このような初期段階においては、**理解と共感をもって聴く**、**柔軟に考える**という**思考の習慣**が重要となります。

あるアイディアを主要な関係者（たとえば、生徒、教育委員会、労働組合の代表、保護者会）に売りこもうとするときには、彼らに**共創者**になってもらえるような**柔軟性**が必要です。そうす

---

(13)「リスク」という言葉の語源は一〇世紀ヨーロッパの海軍で使用された、「未知の水域への航海」を指す言葉でした（Giddens, 1999）。日本語では「何かよくないことが起きること」を指してよく使われますが、もともとの意味から考えると「よくないことだろうがよいことだろうが、何が起こるのかが不確定な状態」のことを指します。そのため、英語圏ではクリエイティブ・ライティングの場面でよく「クリエイティブなリスクを負う」ことが求められます。ここでの「リスク」もそれに近い意味合いです（二八ページの注も参照）。

れば、今まで見えていなかった問題を知れますし、デザインの場に新たに加わった人々の視点や能力を活用しつつ、さらに多くの人の参加と、必要とされるリソース（情報資源）を提供してもらうための道が開けます。

共創の対象者に対して生徒がアイディアを発表するときには、何が開かれたもので柔軟に対応できる部分なのか、そして何が必要事項で変化に対応できない部分なのかについて明確にする必要があります。

⑤取り組もうとしている内容をはっきりさせましょう

いろいろな意見を聞くために、必ずしも直接会う必要はありません。意見を収集する別の方法としては、学校の主要な関係者（生徒、教職員、保護者、あるいはより広い地域社会）に対して、私たちが教室や学校で何をしようとしているのかについてアンケートを実施したり、議論をするための叩き台となる文書を作成すればよいでしょう。

二つの例を見てみましょう。まず学校では、**表7－4**に示したような原則が、対面またはオンラインでの生徒同士の話し合いにおける基本として使えるでしょう。この方法では、並べられた八つの原則をよく読んで、「あなたにとって、その項目はどんな意味をもちますか？」、「なぜ、その項目が重要であると思いますか？」といった問いに答えるようにと参加者に求めることにな

表７－４　より良い人生のための教育宣言

❶教育においては、すべての生徒が人生で出合うであろう「リアル」な難題にうまく対処できるように準備を促す必要があります。生徒がやっかいな状況に対応し、困難なことを学び、大切なことについてはっきりかつ倫理的に考えられるようにしなければなりません。

❷学校は、生徒が礼儀を守り、お互いの共通点と相違点を尊重しながらともに生きる方法を学ぶ場所であり、そのお手本となるべきです。

❸私たちは、学校は変えられるし、変えなければならないという熱い意思をもって発言できる**声**をもたなければなりません。このまま諦めてしまってはいけません。むしろ、21世紀の教育がどうあるべきかという、その物語を変えていかなければならないのです。

❹実社会で活躍するために生徒に必要とされるのは、読み書きや計算、知識だけではありません。好奇心、決断力、想像力、自制心などの心構え（ソフトスキル）が必要です。

❺自分の能力を最大限に発揮して物事をつくりあげることに深い誇りを見いだした生徒は、注意深く考える習慣と自己管理能力を、何かの試験を受けるときや、人生において闘わなければならない場面でいかすことができます。

❻私たちは、思慮深い市民になるための勇気を与えるような**思考の習慣**を生徒がどのように身につけたのかを記録し、説明する方法を見つけなければなりません。

❼私たちは、生徒をより深いレベルで理解し、生徒の成長を示す証拠のうち、どれが有効で信頼できるものなのかを知るために、教師としての能力を磨き続ける必要があります。適切かつ洗練された教師の専門的な力量は、21世紀の教育を発展させるためにもっとも大切なものとなります。

❽私たちは、すべての生徒の能力を認めなければなりません。すべての生徒が大学などに進学するわけではありませんし、そうあるべきでもありません。何かをつくったり、何かに取り組んだり、工作したり、修理したりなど、実用的で物理的な専門知識に長けていたり関心がある人が、議論したり、書いたり、計算したりするのが好きな人よりも知的に劣っているわけではありません。彼らも、尊敬と称賛に値します。実際、長時間の実践的な問題解決法やプロジェクトは、学問的な勉強よりも学習に向かう心構えを効果的に身につけることに役立ちます。学問は、もちろん大切な技能ではありますが、エンジンの修理だって同じです。デジタル時代になっても、哲学者よりも巧みで独創的な機械工を私たちは必要としているのです。

（出典）［参考文献７］の許可を得て掲載しています。

図７－２　学校の理念と倫理規程

誓約書

ファー高校

理念と倫理規程

私たちは、青少年のよさと価値を信じ、生徒の現在の生活と私たちの未来の向上のために知識と学習の必要性を確信し、保護者、教員、そして生徒として、ファー高校で学ぶコミュニティーでは以下の項目を基本的な価値観とする。

ケアの連鎖
育てる、表現する

優しさ－ユーモア－親切－共感－忠実
誠実－忍耐－信頼－自己と他者への敬意
個人の価値と尊厳

コミュニティーメンバーの結果責任
励まし、実証する

責任感－親切－主体性－参加
粘り強さ－相互の助けあい－自制心－知的鍛錬
協働とコミュニケーション

個別化された教育
地域社会の一員であることを自覚し、
一人ひとりを大切にする

独自の役割と際だった成果－個人のニーズと願い
卓越した強みと貢献

（出典）テキサス州ヒューストン、ファー高校の許可を得て掲載しています。

ります。これは、「個別化された学び」について**自分の考えを明確にする**際に役立つ活動です。

二つ目の例は、テキサス州ヒューストンのファー高校で、教師たちが学校コミュニティーのメンバーと一緒に作成した学びのための「誓約書」です。**図7－2**に示すように、この誓約書は、ケア、結果責任（七三ページの注を参照）、「個別化された学び」の核となる価値に焦点が当てられており、最終決定をした会議に出席したメンバー全員が署名したものです。

現在、この誓約書は、学校コミュニティーに新しく参加するすべての人に配布され、毎年更新されるとともに見直しが行われています。

⑥生徒にとって学校がどのようなものかをよく見てみましょう

生徒、教職員、保護者という三者の視点から、日々の課題や、テーマやアイディア、探究心のもととなる熱意などを通して、学校がどのように見えているのか調べてみてください。

第4章（一四三ページ）で紹介したグラント・ウィギンズは、生徒の熱中した取り組みと本物の学びに情熱を傾け、そのことが生徒に対してアンケート調査を行う原動力となりました。彼が作成した中高生向けのアンケートと、それに対する考察を次のサイト[14]で見ることができます。また、コロラド州教育イニシアチブの「生徒の意識調査ツールキット[15]」も役に立つ資料と言えます。

フィードバック・スパイラルと学び続けること

「個別化された学び」の文化は、批評と評価をそのプロセスに組みこむ形で変化に取り組んでいることを示します。参加者は、自分たちのビジョンや価値観、目的、成果を再確認しながら明確にし、今やっていることが自分たちの文化の特徴にうまく合致しているかどうかを確かめます。

フィードバック・スパイラル（二二三ページ参照）は、学校文化を変革するための素晴らしいツールです。どこにいて、何を知っているかにかかわらず、常に周囲には新しい知が存在していること、学べること、継続して成長できることを思い出させてくれるツールなのです。

これは目標や目的を明確にすること、つまり「終わりを意識してはじめる」というシンプルな方向性をもってはじめることができます。『理解をもたらすカリキュラム設計――「逆向き設計」の理論と方法』の著者であるグラント・ウィギンズとジェイ・マクタイ（一四三ページ参照）が、私たちでも取り入れることができるデザインの手順を示してくれています［参考文献35、36］。

❶目標からはじめましょう。なぜ、個別化された学びを導入するのですか？　「個別化された学び」をはじめるにあたって、あるいはすでに取り組んできたものを続けるにあたって、具体的に「個別化された学び」のどの部分に焦点を当てますか？

❷目標に到達するための計画を立てましょう。その方向へ進むために、あなたが考えていることはどのようなことですか？

❸行動を起こしましょう。「個別化された学び」を生徒と一緒に試すために、どのような小さなステップが踏めますか？

❹学びを評価しましょう。どのような証拠やデータを集めましたか？　また、その方法が生徒の学びにどのような影響を与えるかについてより詳しく知るために、それらはどのように役立ちますか？

❺学びを振り返りましょう。あなたは、今何を学んでいて、それは自分が掲げた目標とどのように結びついていますか？

❻見直しましょう。フィードバックに基づいて、あなたの目標をどのように見直しますか？　実

---

(14)　https://grantwiggins.wordpress.com/2011/11/17/この調査では、生徒がいかに「授業に退屈しているか」ということと、成績や好きな教科、嫌いな教科などとの関係を考察しています。協力者から次のようなコメントが届きました。「教師と生徒が『評価』を理解しているからできるのかなと思いました。成績を脅しに使ってきた日本の学校がこれを実現するまでには一〇〇年くらいかかりそう……」。そうした現状を改善するためにも、本書を読まれたみなさんには、変化をもたらす教育活動を行っていただきたいです。

(15)　生徒からの直接のフィードバックを使用して、授業改善に役立てることを目的として開発されたツールです。www.coloradoedinitiative.org/studentsurvey/

施計画についてはどうですか？　学びの証拠を集めるための方法としてどのようなものがありますか？

変化を起こすためにこのフレームワークを使うことはアクション・リサーチによく似ています。[16]一度このフレームワークを取り入れはじめると、教師は自分の仕事をより綿密に行うだけでなく、仕事面において同僚と共有できるようになります。そして徐々に、学校全体が学びの文化となり、「個別化された学び」についての集合知が育っていきます。

まとめ

兆しやサインは身の周りにたくさんあります。現在、教育は変化と不確実性の時代にあります。したがって、私たちの活動も今がチャンスです。「個別化された学び」を実現する好機と捉えている今、私たちはこれまで以上に**思考の習慣**を必要としています。効果的なコミュニケーション、クリティカルでクリエイティブ（創造的）な思考、そして協働のための心構えとスキルは、すべての校種の学校コミュニティーにおいて取り組む必要があります。

私たちには、**思考の習慣**が提供するような明快な習慣が必要なのですが、さらに自分たちの実践を検証するうえでの明確なビジョンも必要となります。そこで、「個別化された学び」の四つの特徴である**声**、**共創**、**他者との共同構築**、**自己発見**が求められるのです。

教師は生徒の**声**を取り入れてそれを代弁しているのか、学習経験を教師と**共創**できる機会を生徒に与えているのか、生徒があらゆる情報源や専門知識にアクセスすることを奨励して**他者との共同構築**を促しているのか、**自己発見**が生徒のメタ認知を推進する力になっているのか――こうしたことを、私たちの実践を検証するためのフィルターとして使用する必要があります。

さらに、私たちは自問自答しなければなりません。今、私たちが取り組んでいることのなかで、生徒の情熱を引き出すことができず、生徒に活力を与えられていないためにやめなければならないものは何でしょうか？　また、これらの目的を達成するために、私たちがすでに取り組んでいることのなかで、さらなる学習を通して向上させられることは何でしょうか？

---

(16)　この手順ないしサイクルは、日本でもよく知られている「Plan-Do-See（計画、実行、評価）」のサイクルを繰り返して目標達成や課題解決を図るのと何ら変わらないのではないでしょうか？　この手順を紹介してくれている二人が「逆向き設計」の著者たちであるなら（『理解をもたらすカリキュラム設計』を参照）、「ステップ２」の前に「ステップ４」を考えてほしかったです。実際のデータ収集はもちろんあとですが、何を目的に、どういう方法で評価するのかを目標設定のあとに明らかにしておくと、授業のときと同じように、「ステップ２」と「ステップ３」が大きく変化するからです。というか、これによって「指導と評価の一体化」が実現するからです。

ラルフ・ウォルドー・エマーソン(17)がすべての生徒に向けて惜しげもなく送った次のアドバイスに耳を傾けることが、きっと、教師であるあなたの役に立つでしょう。

探究し、さらに探究しなさい。非難されることも媚びることもない、永遠の探究心をもちなさい。

(17) (Ralph Waldo Emerson, 1803~1882) アメリカの思想家。哲学者でもあり、作家、詩人、エッセイストとしても活躍しました。

訳者あとがき

最近、『ニューヨーク公共図書館 エクス・リブリス』（フレデリック・ワイズマン監督、二〇一七年）という映画を観ました。「図書館とは本を貸し出す書庫であり、静かに本を読む場所である」といった私たちがもつ「図書館」の概念を大きく覆してくれるドキュメンタリー映画です。単に本だけでない多種多様な情報が飛び交い、昔の新聞や雑誌を調べたり、そこで行われる講演や対談を聞いたり、パソコンを用いて何かを書いたり、手元のメモに書き留めたり、音楽を聴いたり、絵を眺めたりする人々がたくさん映し出されていました。

それぞれの利用者に共通しているのは、目を輝かせて各々の作業に没頭し、周りの人々と楽しそうに話し合う姿です。自らの関心のおもむくままに、そこにある膨大な知と情報を一つ一つ念入りに調べ、自分自身の知をさらに拡張していくのです。老若男女を問わず、そこには学びたい、何かを見たい、知りたい、その知を周りの誰かと共有したいという情熱が全身にあふれているような人たちが集っているように思えました。

この映画を観ながら思い出したのは、新型コロナの流行が少し落ち着いた隙を突いて山陰の田舎という日常を飛び出し、初めて国立国会図書館に行った日のことです。私自身の目的は、国立国会図書館の使い方を覚えること、そして最近の研究関心にまつわる文献をできるかぎり収集することでした。

そんな作業のなかでふと周りを見渡すと、それぞれの興味と関心に従って、机に重ねられた分厚い本を一ページずつめくったり、マンガを読みながらメモをとったり、デジタル化された古い文献から目当てのページを探したり、調べたことや見つけたことについて隣の人と話をしたりと、とにかく何かを学ぶことに没頭している人々の姿が目に飛びこんできました。こんなにも世の中の人々は学びたいことを抱えており、それを追究するためにさまざまな方法で情報に接しているのかと驚き、この世のすべてのものは学ぶ対象になるのだ、と実感した次第です。

普段、大学では、例にもれず私もゼミ生の卒業研究を指導しています。所属する学科は保育職や教職に就くことを希望する学生がほとんどで、卒業研究として選ばれるテーマも「保育・教育、将来の仕事に役に立つこと」を選ぶようにと、多くの学生が指導されています。

一方、私の国語教育学研究室は、とくに国語教育や保育に関係するものでなくてもよく、「言葉」にまつわるものであれば何でもいいので、ゼミ生自身が好きなことをテーマにして選ぶことを推奨するという、学科のなかで少し変わったゼミとなっています。

私は卒業論文で身につけるべき力を、保育・教育、将来の仕事において役立つ成果を出すことよりも、何かを探究する際にそれまでの知の蓄積をできるかぎり調べあげること、そのなかで自分の考えはどこに位置づけられるのかを見定めること、そして自分が思っていることや考えていることについて知らない相手と分かちあうために論理的に説明できること、さらに、それらを自分で納得できるまで試行錯誤と修正を繰り返し、改善を続けるための忍耐力だと考えています。

これらの力さえ身につけてくれればテーマは何でもよく、むしろ学生自身が没頭できることでないとこうした力をつけるための試行錯誤は続かない、成り立たない、とすら考えています。

こうしたスタンスで研究を行う学生は少ないので、学科での発表会では、周りから質問や意見がもらえなかったり、「将来先生になったとき何に役に立つんですか？」と言われたりなど、どうやら風当たりが強いようです。それでも、「自分の好きなものをテーマにしなければ筆は乗らなかっただろうなというのが本音です。論の展開を考えたり、説明しようとしたときに、オタク心に火がついて能動的にやっている分、力もつきやすかったと思う」とか「好きなものがもっと好きになったし、研究って面白いな〜と思った」といったコメントを寄せてくれる学生もいます。

小中高校などの学校教育に携わったことがないので、社会に出た大人の姿や大学生、そして自分自身の姿しか例に挙げることはできません。それでも、自分自身が知りたいことや分かりたいことを見定め、自分の考えをもち、その探究方法を誰かとともに考えたり、それらを周りの誰かと分かちあい、そのなかで何度も新しい発見を繰り返そうとする「個別化された学び」の熱量を確かに感じられたように思います。

こうした姿を、学校の中で私たちはどれだけ見られるでしょうか？　そもそも、そういった姿を見たいと思っているのでしょうか？　また、それが本来の「学び」の姿であると認識してきたでしょうか？

本書を手に取って、訳読してきた期間中、本書の内容をさまざまな教育論と照らしあわせたり、その内容について周りの仲間と話をしながら日本の教育について考えてきました。そのなかで何となくぼんやりと感じてきたのは、本書で紹介されているような「個別化された学び」は「すでに実現しているもの」と思いこまれていたり、**思考の習慣**は「もともともっておくべきもの」とか「もっていない生徒はやる気がない／怠けている／甘えている／生徒・学生としての本分を全うしていない」などと扱われてこなかったかということです。

こうした習慣を育てることなく、とにかく「まじめに取り組む」ようにと生徒に強制してこなかったでしょうか？　**思考の習慣**を「育てるべき対象」、「育てられる力」として認識し、意図的にそれらを育てようとしてきたでしょうか？　このように認識して初めて、適切な指導、適切な学習環境が整えられるのだと思います。

これは、国語教育学研究に携わる自分自身のスタンスへの問い直しでもあります。本書に出合っていなければ、私自身が「個別化された学び」の価値を正しく見定めることはできなかったでしょう。何となくいいなと思うだけで、言葉にすることができていなかったと思います。
「個別化された学び」ととても似た概念が、今、日本の教育のなかにも紹介されつつあります。それは「個別最適な学びと協働的な学び」です。その理念は、本書と同じ方向を目指しているように感じられ、訳しはじめた当初は「個別最適な学び」と訳してしまってもよいのではないかと思ったこともありました。しかし、時にその概念は言葉だけが一人歩きをし、「個人で作業をしたあと、それを持ち寄って話し合えば実現する」といった解釈をしばしば目にします。
「個別最適な学びと協働的な学び」も、本書における「個別化された学び」も、すでにお分かりのとおり、単に形としての学習形態を表しているものではありません。本当の意味での学びを起こすために、まずは**思考の習慣**の育成に取り組んでみることが必要であり、大事な第一歩だと感じます。

もちろん、「習慣」という言葉が示すように、**思考の習慣**は一朝一夕で身につくものではありません。マインドフルネスのワークショップを一回受けて、このうえない満足感をその場で得たとしても、マインドフルネスを日々の生活に溶けこませることができるわけではないように。

しかも、年齢や学年が上がれば上がるほど、学びの根本となる**思考の習慣**を本当の意味で習慣にするには、時間だけでなく根気も必要とされるでしょう。効率を最優先する現代の（近代の産業革命時から続く）教育現場においては、各教科の学力を上げたり、試験の結果をよくしたりすることに忙しく、**思考の習慣**を育てるような教育は避けられがちとなっています。

しかし、そうした習慣が育てば育つほど、生徒が学んでいるときの瞳の輝きは見る見る変わっていきます。そして、一人ひとりの生徒が自分の**声**をもち、学習の目標とそれを達成するための方法を教師と**共創**し、友だちと**知を共同構築し**、自ら新たな**自己発見**を繰り返して、進むべき次のステップへと歩んでいくとしたら、それほど「効率的」なことはないでしょう。

私自身にとっては、本書を訳読して、訳者間で話し合うこと自体が大きな学びであり、喜びでした。きっと訳者それぞれが、その営みから受け取って発見したものは違うでしょう。本書を手に取ってくださったみなさまも、それぞれ大事な何かの学びにつながっていたならば、訳者としてこれほど嬉しいことはありません。

最後になりましたが、下訳にたくさんのフィードバックをくださった協力者のみなさまと、本書を世に送り出すことを可能にしてくださった武市一幸さんをはじめとする株式会社新評論のみなさまに心から深く感謝いたします。ありがとうございました。

二〇二三年　三月

訳者を代表して　中井悠加

・ボス、スージーほか『プロジェクト学習とは』池田匡史ほか訳、新評論、2021年
・マルティネス、シルビア・リボウほか『作ることで学ぶ――Makerを育てる新しい教育のメソッド』酒匂寛訳、オライリージャパン、2015年
・メイナード、ネイサンほか『生徒指導をハックする――育ちあうコミュニティーをつくる「関係修復のアプローチ」』高見佐知ほか訳、新評論、2020年。
・吉田新一郎ほか『シンプルな方法で学校は変わる』みくに出版、2019年
・リチャート、ロンほか『子どもの思考が見える21のルーチン』黒上晴夫ほか訳、北大路書房、2015年
・リトキー、デニス『一人ひとりを大切にする学校――生徒・教師・保護者・地域がつくる学びの場』杉本智昭ほか訳、築地書館、2022年
・レヴィスティック、リンダ・Sほか『歴史をする』松澤剛ほか訳、新評論、2021年
・ロススタイン、ダンほか『たった一つを変えるだけ』吉田新一郎訳、新評論、2015年

「思考の習慣」を育てる絵本・児童文学のリスト

島根県立大学絵本図書館「おはなしレストランライブラリー」の司書・尾崎智子さんと内田絢子さんによる「思考の習慣」を育てる絵本・児童文学の選書リストです。右のQRコードより、ご覧ください（項目ごとにシートが分かれています。なお、このリストは今後も増え続けます。いい本を見つけたときは、pro.workshop@gmail.com にお知らせください）。

ほか訳、ミネルヴァ書房、2018年
・ジョンストン、ピーター『オープニングマインド』吉田新一郎訳、新評論、2019年
・ジョンストン、ピーター『国語の未来は「本づくり」』マーク・クリスチャンソンほか訳、新評論、2021年
・スプレンガー、マリリー『感情と社会性を育む学び（SEL）――子どもの、今と将来が変わる』大内朋子ほか訳、新評論、2022年
・スペンサー、ジョンほか『あなたの授業が子どもと世界を変える』吉田新一郎訳、新評論、2020年
・チェインバーリン、アダムほか『挫折ポイント』福田スティーブ利久ほか訳、新評論、2021年
・ドーソン、ジェラルド『読む文化をハックする』山元隆春ほか訳、新評論、2021年
・トムリンソン、キャロル『ようこそ、一人ひとりをいかす教室へ』山崎敬人ほか訳、北大路書房、2017年
・トムリンソン、キャロル『だから、みんなが羽ばたいて――生徒中心の教室の「原則」と「実践」』（仮題）武内流加ほか訳、新評論、2023年近刊
・ドラッカー、ピーター『非営利組織の経営』ダイヤモンド社、上田惇生訳、1991年
・ノーデン－パワーズ、クリスト『エンパワーメントの鍵』吉田新一郎ほか訳、実務教育出版、2000年
・ハミルトン、コニー『質問・発問をハックする』山﨑亜矢ほか訳、新評論、2021年
・バロン、ローリー『「居場所」のある教室・学校』山﨑めぐみほか、新評論、2022年
・ピアス、チャールズ『だれもが科学者になれる！』門倉正美ほか訳、新評論、2020年
・フィッシャー、ダグラス『「学びの責任」は誰にあるのか』吉田新一郎訳、新評論、2017年
・ブース、デイヴィット『私にも言いたいことがあります！』飯村寧史ほか訳、新評論、2021年
・プロジェクト・ワークショップ編『改訂版　読書家の時間』新評論、2022年

訳注で紹介した本の一覧

・アトウェル、ナンシー『イン・ザ・ミドル』小坂 敦子ほか訳、三省堂、2018年
・ウィギンズ、グラントほか『理解をもたらすカリキュラム設計』西岡加名恵訳、日本標準 2012年
・ウィルキンソン、カレンほか『ティンカリングをはじめよう——アート、サイエンス、テクノロジーの交差点で作って遊ぶ』金井哲夫訳、オライリージャパン、2015年
・ウィルソン、ジェニほか『増補版「考える力」はこうしてつける』吉田新一郎訳、新評論、2018年
・エンダーソン、マイク『教育のプロがすすめる選択する学び』吉田新一郎訳、新評論、2019年
・岡谷英明ほか『学びをつくる教育評価』あいり出版、2017年
・オストロフ、ウェンディ・L『「おさるのジョージ」を教室で実現——好奇心を呼び起こせ！』池田匡史ほか訳、新評論、2020年
・カルキンズ、ルーシー『リーディング・ワークショップ——「読む」ことが好きになる教え方・学び方』吉田新一郎ほか訳、新評論、2010年
・久保田麻美『はじめてのグラフィックレコーディング』翔泳社、2020年
・クーロス、ジョージ『教育のプロがすすめるイノベーション——学校の学びが変わる』白鳥信義ほか訳、新評論、2019年
・サックシュタイン、スター『ピア・フィードバック』田中理紗ほか訳、新評論、2021年
・サックシュタイン、スターほか『一斉授業をハックする』古賀洋一ほか訳、新評論、2022年
・サックシュタイン、スター『成績だけが評価じゃない——感情と社会性を育む評価（仮題）』中井悠加ほか訳、新評論、2023年
・シナニス、トーニーほか『学校のリーダーシップをハックする』飯村寧史ほか訳、新評論、2021年
・ジョンストン、ピーター『言葉を選ぶ、授業が変わる！』長田友紀

㉝ Wagner, T., & Dintersmith, T. (2015). *Most likely to succeed: Preparing our kids for the innovation era.* New York: Scribner.
㉞ Wiggins, G. (2012, September). Seven keys to effective feedback. *Education Leadership, 70*(1), 10–16.
㉟ Wiggins, G., & McTighe, J. (1998). *Understanding by design.* Alexandria, VA: ASCD.
㊱ Wiggins, G., & McTighe, J. (2005). *Understanding by design* (Expanded 2nd edition). Alexandria, VA: ASCD.
㊲ Zmuda, A., Curtis, G., & Ullman, D. (2015). *Learning personalized: The evolution of the contemporary classroom.* San Francisco: Jossey-Bass.

❶エンダーソン、マイク／吉田新一郎訳『教育のプロがすすめる選択する学び』新評論、2019年
❾ドゥエック、キャロル／今西康子訳『マインドセット：「やればできる！」の研究』草思社、2016年
⓲この本は未邦訳ですが、同じ著者たちによる『プロジェクト学習とは――地域や世界につながる教室』池田匡史ほか訳、新評論、2021年があります
㉛ヴィゴツキー、レフ／柴田義松訳『文化的－歴史的精神発達の理論』学文社、2005年
㊱ウィギンズ、グラントほか／西岡加名恵訳『理解をもたらすカリキュラム設計：「逆向き設計」の理論と方法』日本標準、2012年

⑬ Fogarty, R. (2016). *Invite! Excite! Ignite! 13 principles for teaching, learning, and leading, K–12.* New York: Teacher College Press.

⑭ Furr High School, Houston Independent School District, Texas. Covenant for learning. Retrieved from http://www.houstonisd.org/furrhigh.

⑮ Hawes, C. (2016, March 12). On risk-taking, constructive criticism and gratitude. *GHS Innovation Lab.* Retrieved from https://ghsinnovationlab.com/2016/03/12/on-risk-taking-constructive-criticism-and-gratitude/

⑯ Heick, T. (2013, October 11). 4 phases of inquiry-based learning: A guide for teachers [Blog post]. Retrieved from *TeachThought* at http://www.teachthought.com/pedagogy/4-phases-inquiry-based-learning-guide-teachers

⑰ Kallick, B., & Alcock, M. (2013). A virtual continuum for thinking interdependently. In A. Costa & P. Wilson O'Leary (Eds.), *The power of the social brain: Teaching, learning, and thinking interdependently* (p. 51). New York: Teachers College Press.

⓲ Larmer, J., Mergendoller, J., & Boss, S. (2015). *Setting the standard for project-based learning*. Alexandria, VA: ASCD & Novato, CA: Buck Institute of Education.

⑲ Martin-Kniep, G. O. (2015, December 6). Feedback that supports learning for everyone [Blog post]. Retrieved from *Leadership 360* at http://blogs.edweek.org/edweek/leadership_360/2015/12/feedback_that_supports_learning_for_everyone.html

⑳ McDonald, J. P., Mohr, N., Dichter, A., & McDonald, E. C. (2013). *The power of protocols: An educator's guide to better practice.* New York: Teachers College Press.

㉑ McDonald, J. P., Zydney, J. M., Dichter, A., & McDonald, E. C. (2012). *Going online with protocols: New tools for teaching and learning.* New York: Teachers College Press.

㉒ McTighe, J., & Wiggins, G. (2011, January). Measuring what matters. *Hope Newsletter*. Retrieved from http://jaymctighe.com/wordpress/wp-content/uploads/2011/04/Measuring-What-Matters.pdf

㉓ Perkins, D. N., & Reese, J. D. (2014, May). When change has legs. *Educational Leadership, 71*(8), 42–47.

㉔ Perkins-Gough, D. (December 2003/January 2004). Creating a timely curriculum: A conversation with Heidi Hayes Jacobs. *Educational Leadership, 61*(4), 12–17.

㉕ Resnick, L. (1999, June 16). Making America smarter: The real goal of school reform. *Education Week, 18*(40), 38–40.

㉖ Rich, A. (2002). *Arts of the possible: Essays and conversations*. New York: W. W. Norton & Co.

㉗ Rickabaugh, J. (2016). *Tapping the power of personalized learning: A roadmap for school leaders*. Alexandria, VA: ASCD.

㉘ Schlosser, D. (2015, December 12). In the trenches [Blog post]. Retrieved from *GHS Innovation Lab* at https://ghsinnovationlab.com/2015/12/12/in-the-trenches/

㉙ Schwartz, K. (2014, August 21). Four skills to teach students in the first five days of school [Blog post]. Retrieved from *MindShift* at http://ww2.kqed.org/mindshift/2014/08/21/four-skills-to-teach-students-in-the-first-five-days-of-school-alan-november

㉚ Thornburg, D. D. (2004). Campfires in cyberspace: Primordial metaphors for 21st century learning. *International Journal of Instructional Technology and Distance Learning, 1*(10). Retrieved from http://homepages.dcc.ufmg.br/~angelo/webquests/metaforas_imagens/Campifires.pdf

㉛ Vygotsky, L. S. (1978). *Mind in society: The development of higher psychological processes*. Cambridge, MA: Harvard University Press.

㉜ Wagner, T. (2015, February). Reinventing education for the 21st century [Video file]. Retrieved July 18, 2015, from http://ed.ted.com/on/6txkqrJu

参考文献一覧

（白抜きとなっている番号の文献は邦訳出版されています。書誌データは末尾に掲載しています。）

❶ Anderson, M. (2016). *Learning to choose, choosing to learn: The key to student motivation and achievement.* Alexandria, VA: ASCD.

② Big Think. (2014, April 14). Educating for the 21st century—Global Education Forum [Video file]. Retrieved from https://www.youtube.com/watch?v=--7Dd2sAwPA

③ Charlotte-Mecklenburg Schools. (2014). Personalized learning: Learner profile. Retrieved from http://pl.cmslearns.org/wp-content/uploads/2014/06/PLLearnerProfile_posterFINAL.pdf

④ Clarke, J. (2013). *Personalized learning: Student-designed pathways to high school graduation.* Thousand Oaks, CA: Corwin.

⑤ Connecticut State Department of Education. (2015). *Mastery-based learning: Guidelines for implementation.* Retrieved from www.sde.ct.gov/sde/lib/sde/pdf/mbl/mastery_based_learning_guidelines.pdf

⑥ Costa, A. L., & Kallick, B. (2008). *Learning and leading with habits of mind.* Alexandria, VA: ASCD.

⑦ Costa, A. L., & Kallick, B. (2014). *Dispositions: Reframing teaching and learning.* Thousand Oaks, CA: Corwin.

⑧ Domenech, D., Sherman, M., & Brown, J. L. (2016). *Personalizing 21st century education: A framework for student success.* San Francisco: Jossey-Bass.

❾ Dweck, C. (2006). *Mindset: The new psychology of success.* New York: Random House.

⑩ Farrington, C. A., Roderick, M., Allensworth, E., Nagaoka, J., Keyes, T. S., Johnson, D. W., & Beechum, N. O. (2012). *Teaching adolescents to become learners: The role of noncognitive factors in shaping school performance—A critical literature review.* Chicago: University of Chicago Consortium on Chicago School Research.

⑪ Fisher, M. (2015). *Ditch the daily lesson plan: How do I plan for meaningful student learning?* Alexandria, VA: ASCD.

⑫ Fisher, D., & Frey, N. (2012, September).Feedback for learning. *Educational Leadership, 70*(1), 42–46.

訳者紹介

飯村寧史（いいむら・やすし）
仙台市公立中学校勤務。学びの面白さ、成長の喜びを中心に据えた授業や学校の実現を目標として、教育活動に取り組む。

田中理紗（たなか・りさ）
私立かえつ有明中・高等学校　サイエンス科・プロジェクト科主任。東京学芸大学教職大学院教職修士。帰国生。

中井悠加（なかい・ゆか）
島根県立大学人間文化学部准教授。博士（教育学）。学校が本当の意味で「学びの場」になることを願う者の一人です。

吉田新一郎（よしだ・しんいちろう）
20年以上前から棚の上にあげていた「思考の習慣」を、「四つの特徴」と一緒に皆さんと共有できてうれしいです。
問い合わせは、pro.workshop@gmail.com宛にお願いします。

協力者
大関健道、香月正登、佐藤可奈子、蓑手章吾

学びの中心はやっぱり生徒だ！
——「個別化された学び」と「思考の習慣」——

2023年５月15日　初版第１刷発行

訳者　中井悠加
　　　田中理紗
　　　飯村寧史
　　　吉田新一郎

発行者　武市一幸

発行所　株式会社　新評論

〒169-0051
東京都新宿区西早稲田３-16-28
http://www.shinhyoron.co.jp

電話　03(3202)7391
FAX　03(3202)5832
振替・00160-1-113487

落丁・乱丁はお取り替えします。
定価はカバーに表示してあります。

印刷　フォレスト
装丁　山田英春
製本　中永製本所

Printed in Japan
ISBN978-4-7948-1238-4

新評論　好評既刊　　あたらしい教育を考える本

S・サックシュタイン+C・ハミルトン／高瀬裕人・吉田新一郎 訳

宿題をハックする

学校外でも学びを促進する 10 の方法

シュクダイと聞いただけで落ち込む…そんな思い出にさよなら！
教師も子どもも笑顔になる宿題で、学びの意味をとりもどそう。

四六並製　304 頁　2640 円　　ISBN978-4-7948-1122-6

S・サックシュタイン／高瀬裕人・吉田新一郎 訳

成績をハックする

評価を学びにいかす 10 の方法

成績なんて、百害あって一利なし!?「評価」や「教育」の概念を
根底から見直し、「自立した学び手」を育てるための実践ガイド。

四六並製　240 頁　2200 円　　ISBN978-4-7948-1095-3

リリア・コセット・レント／白鳥信義・吉田新一郎 訳

教科書をハックする

21 世紀の学びを実現する授業のつくり方

教科書、それは「退屈で面白くない」授業の象徴…
生徒たちを「教科書疲労」から解放し、魅力的な授業をつくるヒント満載！

四六並製　344 頁　2640 円　　ISBN978-4-7948-1147-9

マーク・バーンズ+ジェニファー・ゴンザレス／小岩井 僚・吉田新一郎 訳

「学校」をハックする

大変な教師の仕事を変える１０の方法

時間に追われるだけの場所から、学びにあふれた空間へ！
いまある資源を有効活用するための具体的アイディア満載。

四六並製　224 頁　2200 円　　ISBN978-4-7948-1166-0

N・メイナード+B・ワインスタイン／高見佐知・中井悠加・吉田新一郎 訳

生徒指導をハックする

育ちあうコミュニティーをつくる「関係修復のアプローチ」

子どもたちの「問題行動」にどう対処すべきか。米国で実証済み、
真の成長に資する指導をめざす「関係修復のアプローチ」を詳説。

四六並製　288 頁　2640 円　　ISBN978-4-7948-1169-1

＊表示価格はすべて税込み価格です

新評論　好評既刊　　あたらしい教育を考える本

S・サックシュタイン+K・ターウィリガー／古賀洋一・竜田徹・吉田新一郎訳

一斉授業をハックする

学校と社会をつなぐ「学習センター」を教室につくる

生徒一人ひとりに適した学びを提供するには何が必要か？
一斉授業の殻を破り、生きた授業を始めるための最新ノウハウ満載。

四六並製　286頁　2750円　　ISBN978-4-7948-1226-1

J・サンフェリポ＋T・シナニス／飯村寧史・長崎政浩・武内流加・吉田新一郎 訳

学校のリーダーシップをハックする

変えるのはあなた

自らが創造的な模範を示し、学校と地域の活性化に尽力する
「校長先生」の新たな像。実践例満載の学校改革アイディア集。

四六並製　256頁　2420円　　ISBN978-4-7948-1198-1

K・A・ホルズワイス＋S・エヴァンス／松田ユリ子・桑田てるみ・吉田新一郎 訳

学校図書館をハックする

学びのハブになるための10の方法

学校図書館のポテンシャルを最大限に活かす実践的ハック集。
子どもたちとともに楽しみながら学びのタービンを回そう！

四六並製　264頁　2640円　　ISBN978-4-7948-1174-5

ジェラルド・ドーソン／山元隆春・中井悠加・吉田新一郎 訳

読む文化をハックする

読むことを嫌いにする国語の授業に意味があるのか？

だれもが「読むこと」が好き＝「読書家の文化」に染まった教室を実現するために。
いますぐ始められるノウハウ満載！

四六並製　192頁　1980円　　ISBN978-4-7948-1171-4

コニー・ハミルトン著／山崎亜矢・大橋康一・吉田新一郎 訳

質問・発問をハックする

眠っている生徒の思考を掘り起こす

「重要なのは疑問を持ち続けること」（アインシュタイン）。
生徒中心の授業を実現するために「問い」をハックしよう！

四六並製　328頁　2750円　　ISBN978-4-7948-1200-1

＊表示価格はすべて税込み価格です